作 者 简 介

杨树，原名杨晓华，鲁迅文学院中青年作家高研班学员、中国作家协会会员、中国散文协会会员、中国音乐著作权协会会员。著有长篇小说《决战东宁》《往生泉》《河豚计划》《和平饭店》4部、诗集《渤海的月亮》《鲁迅的院子》等6部，以及散文集《留不住斜阳》、长篇非虚构作品《渤海纪行》与多部电影电视剧本。作品散见于《人民文学》《作家》《诗刊》等100余家报刊，编选出版了作品集《咀嚼人生》。曾获中国鲁黎诗歌奖、吉林文学奖、延边“金达莱”政府文艺奖、第八届“石花杯”延边文学奖等。诗集《渤海的月亮》在中国作家金秋笔会全国征文评比中荣获一等奖、“江海杯”全国征文一等奖等奖项，入选《中国作家创作书系（2010）卷》。

专家推介

东北是满族的故乡，白山黑水蕴育一个强盛的帝国。清朝莅临天下后，对这片肇兴之地充满无限的敬畏与眷恋。慎思追远，到祖宗发祥之地寻找当年创业的艰辛，几乎成为历代帝君的必修课。杨树的这部传记，是对清朝始祖的历史回望，也让我们看到了一个作家，持续把自己的热血播撒在对家乡的耕耘与大爱中。祝贺《大清始祖：布库里雍顺》出版，让更多读者以诗意来阅读既往，也期盼家乡明天更加绚丽辉煌。

——国家清史编委会典志组专家、中国政法大学教授　林乾

《大清始祖》用文学的笔触诠释了布库里雍顺和他建立满洲的那个年代，在渤海旧国和现在的敦化城里，寻找鄂多里城依稀斑驳的身影。在这里，肃慎、挹娄、勿吉、靺鞨、女真、满族一脉相承的民族特性鲜明地呈现在我们眼前。敦化，大清皇室的发祥之地，也是渤海古国的初都之所，在这部书里，闪烁着耀眼的光辉。作者深厚的文学底蕴，驾轻就熟的叙述语言，翔实可靠的珍贵史料，无不让我们沉溺其中，不忍释卷。

——黑龙江省社科院历史研究员、渤海史研究室主任　魏国忠

《大清始祖：布库里雍顺》由一座敦化城唤醒了久已封存的大清始祖记忆，进而远及渤海故国的辉煌，以及女真崛起及大清盛世风俗图像，但人们很快就发现，这不过是杨树个人心灵史的一部分。

这是中国第一部在敦化城内发现的真实大清始祖史，大清始祖曲折而动人的历史传说与故事由此而铺排开来。杨树个人的大清始祖知识史、观念史因此而得到了最为有效的展示。这是一部特色极其鲜明的区域历史地理著作，文化意蕴非常丰厚，值得特别推荐！

——厦门大学中文系教授、博士生导师　李无未

作者以深刻的历史洞察与优美的文学笔触，展示了敦化这一历史名城深厚的历史积淀与灿烂的民族文化。在作者行云流水般的叙述中，长白山的巍峨隽秀、牡丹江的壮阔波澜、海东盛国的繁华富庶、大清始祖的伟业丰功、中原与边疆文化的交融互补，乃至于白山黑水间色彩斑斓的风土人情，如三维图画进入读者的眼帘，给人以精神的愉悦和振奋。

——吉林大学历史系主任、博士生导师　李书源

大清始祖

布库里雍顺

DAQING SHIZU
BUKULIYONGSHUN

杨　树◎著

中国文史出版社
HINA CULTURAL AND HISTORICAL PRESS

图书在版编目（CIP）数据

大清始祖：布库里雍顺 / 杨树著 . -- 北京：中国文史出版社，2020.5
ISBN 978-7-5205-2012-6

Ⅰ . ①大… Ⅱ . ①杨… Ⅲ . ①传记文学—中国—当代
Ⅳ . ① I25

中国版本图书馆 CIP 数据核字 (2020) 第 067239 号

责任编辑：窦忠如

出版发行：中国文史出版社
社　　址：北京市海淀区西八里庄路 69 号院　邮编：100142
电　　话：010－81136606　81136602　81136603（发行部）
传　　真：010－81136655
印　　装：廊坊市海涛印刷有限公司
经　　销：全国新华书店
开　　本：700 × 1000　1/16
印　　张：11.25
字　　数：220 千字
版　　次：2021 年 2 月北京第 1 版
印　　次：2021 年 2 月第 1 次印刷
定　　价：78.00 元

序言：大清始祖在敦化

敦化人杰地灵，文脉兴盛，有千年古都百年县的盛誉。敦化拥有悠久的历史文化根基，有着与众不同的历史变迁和文化情怀，是一个看得见山、望得见水、记得住乡愁的地方。敦化是一块风水宝地，地处长白山腹地，风调雨顺、五谷丰登，历史上从这里走出了两代王朝，成就了渤海古国和清朝皇室发祥地的历史传奇，足以说明敦化厚重的文化积淀和深沉的历史根基。

在长达229年渤海国发展的历史长河中，尤为重要的是渤海王朝的建都之所——敖东古城。敖东古城经历1000多年的风霜雪雨，它的根基依然扎在牡丹江北岸。牡丹江，渤海国的母亲河，她淘尽多少帝王将相、美女英雄？渤海国的历史，就是一条大河的历史，它发源于牡丹江之头——东牟山（今吉林省敦化市西南12公里处）上建立的旧国，焚毁于牡丹江之尾的上京龙泉府（今黑龙江省宁安市东京城镇）。在牡丹江两岸，自古就生活着肃慎族人和他们的后代，挹娄、勿吉、靺鞨、女真、满族，他们在东北亚这个舞台上，用生命书写下可歌可泣的历史，用激情与鲜血诠释了真诚伟大的品格。

渤海国终于走出人们视线，站在历史画卷的一端，还来不及谢幕，便被猝不及防的大火焚烧殆尽。长白山下，一切又恢复了往日的安宁，春夏秋冬，风烟俱净。

就在渤海后人在他们的家乡像春天的小草一样悄悄地发芽生长，就在逃离的靺鞨人又偷偷地返回故乡，就在女真的各部落悄然壮大并开始你争我夺的时候，布库里雍顺应运而生——尽管这一切都掩藏于林海深处。

《清实录》记载，“长白山，山高二百余里，绵亘千余里。山之上有潭曰闼门，周八十里，源深流广，鸭绿、混同、爱滹三江出焉……山之东有布库里山，山下有池曰布尔里湖。相传有天女三，长恩古伦、次正古伦、次佛库伦，浴于池。浴毕，有神鹊衔朱果，置季女衣。季女含口中，忽已入腹，遂有身。告二姊曰：‘吾身重不能飞升，奈何？’二姊曰：‘吾等列仙籍，无他虞也。此天授尔娠，俟免身来未晚。’言已别去。佛库伦寻产一男，生而能言，体貌奇异。及长，母告以吞朱果有身之故，因命之曰：‘汝以爱新觉罗为姓，名布库里雍顺。天生汝以定乱国，其往治之。’汝顺流而往，即其地也。与小舠乘之。母遂凌空去。”

根据这段官方记载，女真形成之初，在长白山的布尔里湖有三位天女沐浴，三天女佛库伦正坐在湖边梳头，忽然看见天上飞下一只神鸟，衔着一颗红光四射的仙果，放在她的衣服上，佛库伦穿衣时，把朱果含在嘴里。两位姐姐见三妹惊喜万分的样子，便问其根由。佛库伦又要穿衣，又要答话，急时一张嘴，那颗朱果竟被咽下肚中。待佛库伦整好衣裙欲返天庭之时，方觉腹内鼓胀，行动不便。佛库伦看着仍在隆起的肚腹，声泪俱下地向姐姐呼唤：“呀，姐姐！定是朱果作怪，让我成了这般模样。哎呀！我驾不得云了！”她发觉自己怀孕了，两位姐姐决定让妹妹暂时留在凡间，她们自己回天上去了。

佛库伦经历了十月怀胎的痛苦，在长白山生下了爱新觉罗·布库里雍顺。爱新是族名，觉罗是姓氏，后来合为一个姓氏，寓意像金子般高贵的觉罗族。布库里雍顺见风就长，很快便成为一个英俊少年。三天女教会了他本领，告诉他此生的任务，那就是平定三姓之乱，建立满洲。

于是，布库里雍顺划着柳筏顺江而下，来到鄂多里城，化解三姓争斗，建立满洲，成为清朝始祖。布库里雍顺的家族开始一代代传承，终于，在他的子孙中走出了一个结束积弱的明朝、统一中国的人物——努尔哈赤。从布库里雍顺到努尔哈赤，这个家族走过了漫长的十代人：布库里雍顺—嫡孙范察—挥厚—孟特穆—董山—锡宝齐篇古—福满—觉昌安—塔克世—努尔哈赤。

布库里雍顺的妻子是百里姑娘，父亲名叫白雅玛发，是努雅拉克部的头人，祖先是当年渤海国的粟末靺鞨人。从这个角度讲，女真人并不仅仅是从黑水靺鞨演变而来，也有粟末靺鞨人参与其中。据多方考证，鄂多里城就是现在的敦化市。由此，敦化就是当年渤海的开国之所，也是满族皇室的发祥地。

如今，敦化作家杨树先生据史实创作了《大清始祖：布库里雍顺》，填补了文学与历史上这一内容的空白，也使布库里雍顺的故事更加深入人心，走出历史的层层迷雾，立体地、形象地来到白山黑水间，全面展示了布库里雍顺所创造的辉煌历史，向人们生动地讲述了那段灿烂的文明，也给满族文化添上了重要一笔。

民族的就是世界的，满族文化是中华民族文化中的一部分，在其形成发展的历史过程中，开放虚怀、兼收并蓄。这些，在《大清始祖》中可见一斑。布库里雍顺——天之骄子，平定三姓、建立满洲，让满族皇室纯净的血统开大清之先河，奠定大清之伟业，布库里雍顺是真正的大清始祖！

如今，在布库里雍顺的鄂多里城回望历史，心中生出许多感慨，我们站在当年满洲的土地上，翻开这本书，就翻开了大清的古老年轮，仿佛聆听到了金戈铁马的悲壮歌吟，在声声的马蹄中，升腾起我们对大清始祖久远的崇敬与赞颂。《大清始祖》传承着色彩斑斓的民风民俗，从中我们看到大清始祖到满族后人，血脉世代相传，这便是中华满族寻根的精神家园。

敦化，这座千年古城，在历史的星河中，永远闪耀着不可磨灭的光芒。

中共敦化市委书记 

2020 年 11 月

目 录

一　走进敦化

除了敦化上山下湖的地理位置，能让那么多人魂牵梦绕、慕名而来，主要是缘于敦化独特的渤海文化、沿袭至今的满族风情、朝汉融合的生活方式，再加上浓浓的佛国气息，使这既古老又现代的土地充满了神秘祥和的色彩，又会让人感到与历史、与自然是那么贴近，以至于没有一丝缝隙……这座宜居的古城，像天上的佛音温暖祥和，如飘落的雪花柔软湿润，若逝去的王国若隐若现，似民族的传承斑斓多姿……

大德敦化，小德川流，一座浸润在雪水里的城市，晶莹清澈，像一溪川流叮咚有致，如一杯清茶袅袅盛开；自然的福地，清净的入口，思想、灵魂以及那些杂念都在这青青的世界里回归……

渤海国的兴亡仿佛是一夜之间的事，一夜之间就成为海东盛国，而其灭亡也是出人意料地迅速，令人不可思议。渤海国（698—926）是由粟末靺鞨首领大祚荣建立的少数民族地方政权，号震国。欧阳修主编的《新唐书》说其国："地直营州（今辽宁省朝阳市）东二千里，南比新罗，以泥河为境，东穷海，西契丹……地方五千里，户十余万，胜兵数万。颇知书契，尽得扶馀、沃沮、弁韩、朝鲜海北诸国。"也就是说其辖域大致为现在的吉林、黑龙江两省的中东部、俄罗斯滨海地区以及朝鲜的咸镜道地区，有五京、十五府、六十二州、一百余座县城，土地面积相当于现在的东三省的总和，号称海东盛国。

渤海国是什么民族建立的呢？回答是靺鞨。靺鞨属于肃慎族，兴于唐代，被东胡族之契丹所灭。后来肃慎族之女真兴于宋代，灭辽建立金国，后又被东胡族之蒙古替代，建立了元朝，统一了中国。肃慎族之女真经过长时间的休养生息，在明末崛起于1616年，努尔哈赤统一女真诸部，史称后金。后来，1636年，皇太极改国号为清，并将民族名称改为满。

溯根追源，靺鞨与女真都属于肃慎，是肃慎族不同年代的两个名称。那么在当今渤海民族已整体分解之后，说满族是渤海的后裔也未尝不可，最直接的原因就是渤海灭亡后，建立东丹国，契丹统治者为方便统治，强制渤海军民南迁，使渤海遗民补充到女真的民族血液中。就是由于这次强迁，才让渤海故地的经济文化遭到空前的浩劫和破坏，200多年的文明被毁于一旦，从而导致了这一地区历史发展进程的停滞和倒退。

那么大清皇族的祖先是从何而来的呢？这就要源于一个神话，一个被大清载于史册上的神话，一个大家都认可的神话。《清实录》里记载得非常清楚：三天女恩古伦、正古伦、佛库伦在圆池洗浴，有神鹊衔朱果，放在佛库伦的衣服上，佛库伦含口中，忽然入腹，于是有了身孕。

天女佛库伦感孕而生布库里雍顺，佛库伦取荆条，编制山筏，将孩子置于筏上，筏子凌空而起，飘落在忽汗河上，即牡丹江，顺风漂至俄朵里城，即今敦化市区。城主收养，长大成人，即为满洲始祖。《鸡林久闻录》载：1913年，敦化县长耿翼在敦化立“天女浴躬处”石碑一块。风雨八十余载，原石碑难寻，为纪念这美丽传说，于1992年立此碑。

也就是说满清始祖布库里雍顺秉承天意，繁衍了一个民族。那么是在什么年代呢？千年古城百年县，敦化城的历史从渤海国开始才1000多年，渤海之前有没有敦化城？没人考证过，但好像没有。这就说明布库里雍顺是渤海之后才出生的，也就是说女真在渤海之后，这一点与历史是契合的。

渤海之前，敦化是个荒无人烟的地方，只有一些土著居民在此生活，没有任何文字资料显示敦化在渤海之前还有过集居的可能。从出土的一些文物看，还有很多辽、金遗存，但这些都是在渤海之后了。

大祚荣本是“高丽别种”，东奔之时，自然带领部分高丽遗民，以粟末靺鞨为主体，在敦化东牟山解蹬下马，开山立寨。加之敦化所处的地理位置与朝鲜半岛相去不远，千百年来，敦化居民免不了与新罗、高句丽人的自然融合。渤海之后，敦化地区虽然经过契丹强迁，但总有“漏网之鱼”，经过千百年的发展，人口逐步增加。

清王朝在东北解禁之后，山东、河北汉人大量拥入，敦化地区形成了以汉族为主，满族、朝鲜族多民族的居住地，民族文化既个性鲜明又互相融合。

现在东北的汉族人，受满族人的影响，许多生活习惯和满族人已经毫无差别，已经很难分清满族人和汉族人，朝鲜族人也有与汉人相似之处。

多民族文化的融合，让敦化地区的生活多彩斑斓，有滋有味。通过多民族文化的滋养，使这里的人民生活具有很大的选择性和伸缩性。这座千年的古城，在千年的多民族文化的熏染下，放射着深厚的文化与人性的光辉。

二　永远的布库里雍顺

说到布库里雍顺，就不能不说渤海国，渤海国的历史就是一条江的历史。牡丹江，又叫响水，满语为“穆丹乌拉”，即弯弯曲曲的江。牡丹江昼夜流逝唱不尽当年靺鞨族229年的辉煌，温婉的江水愁肠百转说不完女真人的千年兴衰。渤海国建都在牡丹江之头——如今的敖东城，俗称旧国；焚毁在牡丹江之尾——宁安东京城，时称上京龙泉府，虽然其间两移其都到和龙和珲春，但最后还是回归到了牡丹江的收尾之地——镜泊湖。

（一）

公元928年，渤海国被契丹首领后来的大辽之主耶律阿保机灭亡之后，城池被焚毁，一切被熊熊大火烧成了灰烬，这一段历史也被烧成了空白。居民流离失所，大部分被强迁，有些不堪契丹的奴役，纷纷外逃。有些人逃入高丽国，《高丽史》上记载：有渤海人数万来投，约有10批，10万人。还有一些逃到黑水靺鞨的居住地，此时黑水靺鞨已经发展成为女真。原来都是靺鞨，只是分为黑水靺鞨与粟末靺鞨，此时的融合最为自然不过。另据《金史》中记载，与过去渤海为敌的黑水靺鞨发展为女真族，灭辽国建立金朝后，完颜氏自称是渤海王大氏的子孙。就这种情形而论，满族人的祖先不排除渤海粟末靺鞨族人。

自从渤海国被毁后，牡丹江流域内的渤海国中心区域几乎成了无人之地，这片肥沃的土地，又恢复到了最初的原始状态，自然界又开始四季有序、万物生长、风清景明，一切仿佛从未发生，那些战场厮杀、攻城略地的伟业，突然淹没在历史的沧海之中，没有人能拨开云雾，清晰地记录渤海国都发生了什么。

那么我们从时间上推断一下，努尔哈赤是1559年降生的，距离渤海国的覆灭有631年。然而，就在这630年里，在渤海先人生活过的地方，在寂静原始的长白山，降生了一位伟大的人物，他就是满族人的祖先——布库里雍顺。

渤海国民俗传承

这是一个美丽的传说，还是真有其事，我不能确认。但我相信，布库里雍顺的出身一定有其依据的，绝不可能空穴来风。

王先谦《东华录》所录《清实录》文云："长白山，山高二百余里，绵亘千余里。山之上有潭曰闼门，周八十里，源深流广，鸭绿、混同、爱滹三江出焉……山之东有布库里山，山下有池曰布尔里湖。相传有天女三，长恩古伦、次正古伦、次佛库伦，浴于池。浴毕，有神鹊衔朱果，置季女衣。季女含口中，忽已入腹，遂有身。告二姊曰：'吾身重不能飞升，奈何？'二姊曰：'吾等列仙籍，无他虞也。此天授尔娠，俟免身来未晚。'言已别去。佛库伦寻产一男，生而能言，体貌奇异。及长，母告以吞朱果有身之故，因命之曰：'汝以爱新觉罗为姓，名布库里雍顺。天生汝以定乱国，其往治之。'汝顺流而往，即其地也。与小舠乘之。母遂凌空去。"

三天女沐浴

也就是在渤海国灭亡之后暮春的一天，布尔里湖上空飘来了三朵彩云。云头降落湖边，原来是三位仙女翩翩下凡。三位仙女是亲姐妹，大姐恩古伦，二姐正古伦，小妹佛库伦。三位天女下湖洗澡，玩得尽兴，不觉时辰已到。三仙女急忙出水穿衣，这时，忽然飞来了几只神鹊，在三仙女头上盘绕，不肯离去。只见一只神鹊将衔在口中的一颗朱果吐在三妹佛库伦的衣裙上，便扶摇飞去。佛库伦捡起那颗溜圆通红的朱果，喜煞爱煞，便轻轻地将朱果含在口中，又连忙穿衣系裙。

两位姐姐见三妹惊喜万分的样子，便问其根由。三妹又要穿衣，又要答话，急时一张嘴，那颗朱果竟被咽下肚中。待佛库伦整好衣裙欲返天庭之时，方觉腹内鼓胀，行动不便了。佛库伦看着仍在隆起的肚腹，声泪俱下地向姐姐呼唤："呀，姐姐！定是朱果作怪，让我成了这般模样。哎呀，我驾不得云了！"

二位姐姐安慰她："我们都是仙人，不会有什么事的，这是上天让你怀孕，等你生下孩子再回去吧。"两位姐姐作别。

佛库伦经过阵痛之后，竟生下一个男婴。这男婴虽刚呱呱落地，但是见风就长，就会叫额娘，就会走路。不几日，便能骑马射箭，舞枪使棒了。在额娘佛库伦的教诲下认诵诗文，过目不忘，读兵法，排兵布阵，是个聪明绝顶的神童。

佛库伦告诉他的身世，让他以爱新觉罗为姓，名字叫布库里雍顺。让他去平定三姓争斗，建功立业。

故事到了这里，满族的祖先就有了来历和名字，他不同于普通人，是上天所赐，禀天意旨，注定要干一番惊天动地的伟业。

（二）

爱新觉罗·布库里雍顺听懂了额娘的嘱托，牢记自己的使命，带上了弓箭和刀枪，撑起额娘用柳条编制的柳筏，顺流直下，到山外闯天下去了。

跨过九十九道湾，闯过九十九道滩，布库里雍顺来到了长白山东南名叫鄂多里的地方。这里有百余户人家，分为三姓，村民们生性剽悍，喜欢争斗。一个正在河边汲水的姑娘百里一见布库里雍顺体貌英俊，气度不凡，便急忙跑回村里，对正在为争夺三姓酋长而刀兵相见的乡民们喊道："你们先别打了。我看见了一个能给咱当酋长的人。"说毕，便领众人到河边观看。众人一见，果然非常人也，便问其来历。

布库里雍顺答道："我乃天女所生，姓爱新觉罗，名布库里雍顺，是来平定你们的争战的！"

众人听罢，齐声呼唤："天生圣人啊！"随后便停止争斗，争请布库里雍顺到自家居住。布库里雍顺见众人争请不休，便说："不要争了，我最先见到的是汲水的百里姑娘，就先到她家吧，然后再分别到各家拜访。"众人一听，觉得有理，便先后散去。

布库里雍顺

故事讲到这里，也就是从神讲到了人，布库里雍顺真正地来到了民间，他被尊为贝勒之后，便开始了他作为满族祖先建立满洲的历程了。

这段传说，无论怎么看，都是后人杜撰的神话，但任何人都愿意相信这个神话是真的，就像玄鸟生商一样，竟然是那么相似。大凡一个王朝都应该有着与众不同的祖先，异于常人的经历，这一点，或多或少成为人们的一种认同。

我国古代有许多美丽的传说，比如大禹治水、女娲补天、夸父逐日、精卫填海等。中国又是一个诗的国度，汉语言独特的音韵造就了中国诗歌的辉煌。早在春秋时代，我国就产生了第一部诗歌的集大成者——《诗经》。《诗经·商颂》中，有一首诗题目叫《玄鸟》。《玄鸟》篇为我们讲述了一个带有传奇色彩的故事："天命玄鸟，降而生商……"这个故事不仅《诗经》里有，就连司马迁的《史记》以及《吕氏春秋》等典籍上也载有。

有一天，帝喾的次妃有戎氏带着两个女儿到河边洗澡。大女儿名叫简狄，二女儿名叫建疵。这条河叫玄丘水。突然有两只燕子飞来，落到河边上戏水，燕子产下一只白白的燕卵，简狄不小心吞下燕卵，故有身孕。简狄十月怀胎，生下了一个可爱的男孩，就给他取名叫"契"。这个"契"，后来就成了商族人的祖先。

通过这个故事，我们会觉得商族人的祖先和满族人的祖先如出一辙，都是应天而降、教化一方的圣祖。人间更替、朝代兴废皆是天意。中国历史上有很多神话，像盘古开天地、女娲补天等，都被大家所接受，这是因为东方文化的特点以及民众内心的一种追求和向往。因为不了解，所以不接受的现象虽然很普遍，但还有一部分人认为也许就是真的，就像外星人、飞碟等，大家都基本认可，那为什么布库里雍顺就不能是真的呢？有些事也许是真的，是我们的先人传成了神话。

（三）

在这个故事中，布库里雍顺平定三姓的地点尤其引起人们的注意。很多史书上明确记载，布库里雍顺登岸之地就是鄂多里城。那么，这个鄂多里城究竟在什么地方呢？它像迷雾一样笼罩在人们心头。多年以来，包括韩国、日本等国外的一大批学者争论不休，有的说在长白山之东，有的说在长白山之北，众说纷纭，莫衷一是。

2005年，国家专门研究清史典籍的专家学者们云集敦化，经过多方考证、挖掘、研讨，最后统一了观点，昔日的鄂多里城就是今天的敦化。往日的关于鄂多里城的争论，在这一刻终于尘埃落定。

那么从渤海国覆灭之后的长白山周围的环境看，长白山周围荒无人烟，沉寂了多年之后，人类又开始兴盛繁衍，尤其在牡丹江流域，渤海遗民、土著山人、关外迁移等一些原因，使牡丹江流域又恢复到了昔日的兴盛，弯曲的牡丹江也一改往日的沉默，在山林中高调涌出，咆哮着流过人们的视野，试图淹没人们的吵吵闹闹。

也就是在这一地区人口渐多、村镇渐成规模的足以成立满洲的时候，布库里雍顺降生了，他肩负起成立满洲的重任，来到这片土地上。至于哪年哪月，史书上没有记载，但我觉得这都不是问题，从努尔哈赤往前推，推过正好十代的先人就是先祖布库里雍顺。那个时代人都早婚，按 20 年为一代，十代就是 200 年，也就是在 150 年到 200 年的 50 年内。从历史上看，这个年代正是宋末元初的时候，也就是元朝刚刚开始的时候。那么在东北呢，女真建立的金朝被南宋和蒙古人摧毁，女真散落到关东各处，形成建州女真、海西女真、野人女真的时候，明朝开始征伐关东各部。

大概也就是这个时候，在女真人元气大伤的时候，在长白山沉寂了一整个宋朝的时间后，在牡丹江流域兴起了满洲，满族人的祖先诞生了。

长白山北麓，牡丹江畔，自古就是人们繁衍生息的地方。这里土地肥沃，森林茂盛，水流充足，渤海国之所以定居于此，就是看中牡丹江流域富庶的土地、开阔的河谷平原以及无边的原始森林。大祚荣在东牟山解蹬下马，在忽汗河边，寻找到了这么一个可以凭险自固的地方。

早在唐朝的时候，就有一些中原人远迁于此，成为这里土著居民以外的正式居民。他们在这里狩猎、采药、放山，代代相传，逐渐和长白山融为一体，过着与原来迥异的安定生活。还有一些修炼方术之人，长年隐居在长白山中，过着一种遁世生活。还有就是一些流放之人，但也是星星点点，成千上万的迁徙是在清兵入关以后，在清末时期发生的。在中国历史上，大多数人口迁移是从北向南进行的。从西晋的五胡乱华到宋朝的靖康之变，北方因受少数民族侵扰，导致大量人口进入长江流域，这也奠定了中国南方发达、北方较落后的局面。但人口的迁移方向并非绝对化，在清末时期，有一大批流民逆流而上，从南向北，或水或陆，开始了人口大迁移，成为近代史上的一大奇观，这就是“闯关东”。

所以说，在长白山北麓和牡丹江流域广袤富饶的土地上，滋养一个新兴的满洲完全是可能的，而且是现实的。从这个角度来说，鄂多里城就是敦化这一结论是完全正确的。

（四）

虽然牡丹江流域有这么多的肥土良田，但崇尚武力扩张、习惯马背征战的满族先人，从来没有把满洲这个冰天雪地的林区当作自己永远安身立命的家园，当他们走出林海，目光俯瞰松辽平原和他们从来没有看到过的那些平整的土地时，他们的心动了，马蹄也动了。于是，他们在更广阔的地域里建立了自己的城池和宫殿。尽管他们从来没有看到过很多东西，但他们善于学习，学习汉人管理城市的经验和方法。他们在模仿学习汉人的时候，不经意间，关内的风景更加吸引他们，于是，布库里雍顺的子孙们便闯进了关内，攻城略地，势如破竹，统一了中国。

大祚荣震国都城

从这个结果来看，当初建立满洲是何等重要，没有布库里雍顺，便没有满洲，没有满洲的兴起，便没有在那个时段统一的中国，便没有人人向往的“康乾盛世”。著名作家田玉光曾这样说过：“布库里雍顺的子民们，在那个崇尚奔袭征战的岁月里，确实秉承了他的雄才大略，缔造了一个堪称是空前辽阔的封建帝国。这远远超过了昏庸的明朝君主，使满族成为中华民族大家庭中当之无愧的伟大一员。”

现在的敦化城，是光绪年间在解除皇家发祥地200年后，才建立起来的。至今不过120多年。虽然表面看来是一个年轻的城市，但敦化作为1000多年前渤海国的开国之都所在地，有着深厚悠久的历史。只是战火频烧，人民流离失所，才让敦化这座古城出现几处历史上的空白，缺少了历史古城应该具有的完整连贯的生命线。

其实，清王朝并没有真正忘记过敦化。他们把包括敦化在内的长白山地区，封禁长达216年。因为敦化地区是满族的龙兴之地，也是龙脉所在，长白山是满族人的圣地和文化圣山，最主要的是，长白山地区是满族人的家园，是满族人起家的地方，给自己留一个避免汉人同化的避难之所，是很有必要的。为了防止闲杂人等进入长白山，清王朝还用柳条制成篱笆墙把山全部围了起来，以保护当时珍稀的动植物物产，比如价值珍贵的长白山人参等。

尽管康熙皇帝在他登基15年的时候，颁布了《宁古塔等处禁止流民例》，把宁古塔（宁安）所辖地方（包括敦化）列入严禁流民开荒垦殖、狩猎放山等地。但因为敦化地区山高林密，便于隐藏，仍有大量流民拥入，敦化已经成为“农耕日盛，商贾云集”之地。自此，清王朝才不得不在阿克敦（现在敦化江东苇子沟）设立荒务局，主持放荒，收捐收税。

敦化的首任知县叫赵敦諴。諴字，有和谐、诚心的意思，就名字而言，可以想象这位知县是一个比较有能力的人。赵敦諴于光绪七年首任知县，始监造城郭，光绪八年竣工。城周长5里，城门5座。每座城门楼上有赵敦諴亲题城门名于门额上。东门曰迎旭，南门曰来熏，西门曰邑爽，小西门曰德胜，北门曰棋辰，四周护城河深一丈。

敦化县的县名让他颇费了一番脑筋。有人说，敦化两字，就是从县长赵敦諴的名字而来，也许是种巧合。当时荒务局就设在阿克敦，这里也有个敦字。但最有可能的就是敦风化俗的意思，敦字本身就有厚道、笃实的意思，来源于《中庸》当中的“小德川流，大德敦化，此天地之所以为大也”之语，就当时流民遍野、百废待兴的情况而言，这个名字是非常恰当的，也如实反映了赵敦諴当时的心愿。

冥冥之中，一个伟大民族的先祖，在他建功立业生活过的地方，一定会有一个与众不同、非常大气的地名，也许，这也是布库里雍顺的愿望。

三　由玄鸟生商想到的

在远古的黄河之滨，一只“玄鸟”唱着歌从空中飞来，带给人们无穷无尽的遐想——它是天的使者，原始部落的人们对它顶礼膜拜。一个叫简狄的女人，吞服“玄鸟”下的蛋后，怀孕生下一个儿子叫契。契，即是阏伯，就是传说中的商之始祖。《诗经·商颂·玄鸟》曰：“天命玄鸟，降而生商。”这就是“玄鸟生商”的美丽故事。

在中华民族的历史上，远古时期的商族是个伟大的氏族，它在畜牧业、农业、手工业、商业、人文等方面都有许多发明创造，在推动中国历史发展上起到过巨大作用。特别是到商汤时期建立的商朝（约前1600—约前1046），是中国历史上的第二个朝代，而且是中国第一个有直接的同时期文字记载的王朝，在600年左右的历史进程中奠定了中华文化的根基。

以神话传说来叙述本民族起源的，应该说是一种很常见的现象，从三皇五帝、先秦的祖先，乃至于布库里雍顺，都是给本民族的祖先一个合理的、神秘的、显赫的来历，以示和普通民众的区别。有人怀疑“玄鸟生商”荒诞不经，女人吃了玄鸟蛋怎么能怀孕生子呢？所谓“玄鸟生商”是商族人杜撰出来的。所以，有的人就对商的历史进行否定。其实，商朝祖先的来历，也不纯属杜撰，它是有一定的历史依据的。商族原是东夷旁支，以鸟作为氏族的图腾。所谓“天命玄鸟，降而生商”(《诗经·商颂》)，是由夷族鸟图腾崇拜推衍而来。

图腾崇拜是产生于原始氏族社会的一种古老宗教形式，这种原始崇拜是将本氏族的产生，同某一种动物或植物联系起来，认为自己的氏族与它之间存在着血缘关系，进而将它当作自己氏族的祖先、保护神或标记。在商代甲骨文中可以找到鸟图腾的证据，郭沫若主编的《中国通史》中说，商族的祖先为东夷人，而东夷人的祖先为少昊氏。少昊族以鸟为图腾，是由几个胞族组成的部落。其中第一胞族中的五个氏族，分别以凤鸟、玄鸟、伯赵(劳)、青鸟、丹鸟为图腾，其中玄鸟为商族人的图腾。

我国古代有许多美丽的传说，比如大禹治水、女娲补天、夸父逐日、精卫填海等。在《诗经·商颂》中，也有一个美丽的故事——《玄鸟》。这个带有传奇色彩的故事不仅《诗经》里有，就连司马迁的《史记》以及《吕氏春秋》等典籍中也有。那么就让我们来重温一下这个美好的故事吧。

很久很久以前，三皇五帝中第三个帝王名叫帝喾。帝喾就生活在现在的中原一带。他 15 岁时就帮着他的伯父颛顼治理国家。颛顼在位 78 年，他去世以后，30 岁的帝喾接替他成为中原地区的帝王。

帝喾的次妃有戎氏。有一天，有戎氏带着两个女儿到河边洗澡。大女儿名叫简狄，二女儿名叫建疵。这条河叫玄丘水。由于她们是帝王的女儿，平时很少有机会到河边来玩。这天又是温暖如春，艳阳高照，两人一下水，就尽情地嬉戏起来。

这时，突然有两只燕子飞来，落到河边上戏水。燕子时飞时落，叽叽喳喳叫。两个女儿一看飞来了燕子，便悄悄上岸向燕子走去。燕子看见两个姑娘向自己走来，不慌不忙地，甚至还有点大摇大摆地在沙滩上蹦着、跳着。单等她们一走近，哗啦一下子就飞走了。一连几次，都没有抓着，简狄姐妹有些沮丧。

这燕子也怪，两个姑娘刚累得坐下来，它们就又叽叽喳喳地飞了回来，落在离她们几步远的地方。简狄一声不响地把装衣服的玉筐拿在手中，只等燕子又一次靠近她们。

终于，燕子又飞来了。简狄不动声色地一翻身，就势把玉筐扣在了燕子头上。“哇！捉住了，捉住了，快来看哪！”妹妹建疵一下子跳起来，母亲也高兴地走过来看。这时，两只燕子在小小的玉筐里奋力挣扎着，一心向往着自由驰骋的蓝天。简狄看着玉筐里的燕子，突然心里掠过一丝同情。她对妹妹建疵说："妹妹，你看这燕子多可怜哟！被我们关在这里，连叫也不叫了。"

妹妹问："那怎么办呢？"简狄说："咱们还是放了它们吧，您说哪母亲？"有戎氏点点头，表示赞许。

简狄和妹妹慢慢地抬起了玉筐，一只燕子马上冲了出来，迅速地飞向蓝天，它还回过头来，叽叽叫着，像是庆祝自己的胜利，又像是在招呼另一只燕子。后面这只燕子犹豫了一下，也展翅腾飞，直插云天。

两只燕子在蓝天下翱翔着，嬉戏着，又恢复了原来的活力。它们在天上转了两圈，就一直朝北飞去，再也没有回头。

这时，她们发现在小玉筐下面有一只白白的燕卵！

妹妹建疵捡起来拿在手里把玩着。简狄从妹妹手里抢了过来，跑到一边自己去玩了。妹妹一看姐姐抢了燕卵，便追了过来。简狄拿起燕卵就跑，一边跑，一边把燕卵含在嘴巴里面。妹妹一看姐姐跑了，就高喊道："姐姐，别跑，小心打烂了！"简狄哪顾得上这些，跑着跑着，一不小心，脚下绊了一跤，险些摔倒。一定神，这才发现，嘴里那只燕卵竟给吞下去了！

玄鸟生商的传说

简狄吞下燕卵，心里一直闷闷不乐。母亲就安慰她说："没有事的，孩子，过一段时间就会好起来的。"妹妹也不再缠着姐姐玩耍了。过了一段日子，简狄发现怀孕了，十月怀胎，她生下了一个可爱的男孩，就给他取名叫"契"。这个"契"，后来就成了商族人的祖先。

这是上古时代广为流传的关于商民族起源的一个美丽传说。商族人的祖先竟是受天所命，让玄鸟降而生商的。

上天根据天道时运，让“契”繁衍兴旺商氏一族，然后由他的后人成汤灭夏，就像上天派姜太公辅佐周文王灭商一样。按照这个说法，每个朝代的成败都是由上天安排的，人力是无法改变的，一切都是宿命。当然，这个说法也是神话的说法。

那么有这样一种巧合，在契还没成为商人始祖之前，各部落还是母系社会阶段，契成为商人的始祖后，标志着商人部落才真正走入父系氏族社会。也可以说，从那时起，中国各民族的祖先的身世尤其重要，看看是不是天降大任，能不能发展延续，要看天的脸色和心意。

到底是不是天神让玄鸟——也就是黑色的燕子降下以至简狄怀孕而诞生的呢？现在这个问题已经不重要了，这只是人类的初期对自身产生的一种朴素的解释罢了。其实每个国家都有这样的传说，人类的初期不知道自己是从何而来的，就像在西方宗教里，圣母玛利亚受孕于天神而生下耶稣一样。于是就编出了许许多多传说。

由此，我们会想到满族人的祖先布库里雍顺。布库里雍顺的降生，也是一个和玄鸟极其相似的故事。几百年前，长白山下有一个美丽的湖泊，相传，当时有三个仙女下界来湖中戏水、洗澡。有一天，最小的一个仙女先洗完了澡，正坐在湖边梳头，忽然看见天上飞下一只神鸟，衔着一颗红光四射的仙果，放在她身边的草丛里。小仙女就把这颗仙果给吃了，吃下仙果后，她竟发觉自己怀孕了，两位姐姐便决定让妹妹暂时留在凡间，她们自己回天上去了。

三天女沐浴

玄鸟生商

以后，仙女便生下了一个健康的男婴，她给这个孩子起名叫爱新觉罗·布库里雍顺，开始尽心尽力地哺育他，教给他许多本领，并告诫孩子将来长大了一定要为百姓造福。

这两个民族的始祖都是神鸟蛋入腹之后怀孕而降生的，历史竟有如此重复和相似之处，我们不得不对造物主表示惊叹和钦佩。兴耶？废耶？全凭上天的一念思维。可能这个想法过于极端，地球都有成住坏空的过程，何况人类？宇宙应该有一定的法则，据说这个法则是因果法则。人类社会也是如此，每个朝代也会有成住坏空的过程。往往一个朝代的建立之初，都是生机勃勃、欣欣向荣的，开国之君都是有一番雄心壮志的，他会竭尽全力治理这个国家；接下来会有几个守成之君，他们往往会把这个朝代推向兴盛或守其祖业，任其自然发展；最后都会有一个或多个败坏腐朽之君来毁坏这个社会，结束这个家族的统治，让这个家族在历史上彻底走向没落。这一类的君王，都是逆潮流而动，陷人民于水深火热之中。这样，必然会有另一个家族、另一种势力取而代之，这也是历史的必然。这时候，上天就会有选择地推出一个新的民族，来完成整个国家人民发展存续的重任。

那么商丘这个名字是怎么来的？过去有个笼统的说法，认为上古时期洪水泛滥，人们为避水躲到了一个大土丘之上。因为这个大土丘恰好处在商地，所以便有了商丘这一地名。

商这一地名到底何时而来，从何而来？比较确定的记载是帝喾之子契因佐禹治水有功被“封于商”，由此而有商国。这种说法认为商产生于帝喾时期。帝喾，就是黄帝的曾孙，为上古五帝之一。

从契开始，商族人才有了以父子相承为主的惯例，从此真正进入父系氏族社会。契被认为是商族自母系氏族过渡到父系氏族所祭祀的最早的男性直系祖先。契长大后，因为帮助大禹治水有功，帝舜封他为司徒，并把商地分封给他，商部族开始形成和发展。

当然，在当时社会生产力低下，人类对自然界的各种现象无法理解甚至恐慌，因此他们总是愿意相信是某种带有神奇力量的动物或神仙在决定或支配着自身与天地，人类对这种超自然的力量进行崇拜，即图腾崇拜。所以商族人对“玄鸟生契”深信不疑，才用玄鸟来作为商族的图腾。

不管怎么说，这总是一个流传了几千年的美好故事。那么玄鸟究竟是一个什么样的形象呢？根据古籍的描述，最初的玄鸟形象与燕子十分相似，后来随氏族部落的不断发展和融合，玄鸟就逐渐演变成了有鸡冠、鹤足和孔雀尾巴的凤凰了。那么布库里雍顺的母亲所遇的神鸟是什么呢？根据满族的图腾崇拜，我们有理由认为是海东青。

玄鸟生商

但海东青的图腾，不仅仅是从满族开始的，从古肃慎时就开始有了海东青的图腾崇拜。海东青有“万鹰之神”“神的使者”“神选中的子民”等含义，在神话中海东青是一个浑身燃烧着巨大光、火和热，挥舞着巨大翅膀、永不停歇、永远飞翔的鹰神形象。根据《山海经》的记载，海东青很有可能是肃慎地（古东北）大荒之中的九凤，海东青是世俗化的名字。那么玄鸟是凤，海东青也从凤而来，看来凤才是一种神鸟，是最接近于神的鸟，它能奉神的旨意，在人世间造就各种各样的民族。

尤其是现代很多人认为这就是神话，就像很多国内外的神话一样，为了美化祖先而编造的。但现在理论界有很多人认为，玄鸟生商不仅仅是神话，而且是历史把事实变成了神话。

很多把玄鸟生商认为是荒诞不经的人，是不是亲自品尝过鸟蛋不得而知，但至少他们后来被这样的神话感动过，被一些考古专家说服过。而专家认为，“玄鸟生商”中的“玄鸟”本意为玄鸟氏族，而不是鸟类中的玄鸟，这是可以肯定的。而后来，由于时间的推移，由玄鸟族产生了商族的历史逐渐被人们遗忘，于是，人们把这一借鸟名而命名的氏族名的“玄鸟”，理解成了真正鸟类的玄鸟。于是便有人通过想象，创作出了简狄吞玄鸟卵孕而生商的神话。因为简狄的儿子契先后被尧、舜二帝封于商而有商国，所以契被认为是商的始祖。因为远古时期没有文字，后来的史书记载都是从传说中来的，所以这一神话被记入了史册。“玄鸟生商”从事实到神话，顺理成章。

总之，后人把玄鸟生卵和人的生育联系起来，是因为远古部落的人们在追溯自己部落的起源时借助感生神话，把自己祖先的降生和一些动物、植物或自然现象联系在一起，以此证明自己祖先的伟大与不凡。由于商族是由玄鸟族而来，所以商族的后代就说其祖先是感玄鸟而生。商代人崇信天命，且认为自己的祖先是伟大的、功绩卓著的，其降生应该是超凡脱俗的，所以才说是玄鸟受天命降而生商，这样说的妙处就在于增强商的始祖降生的神秘感。

因此说，“玄鸟生商”并非仅是神话。而且，这一神话也并非荒诞不经，是由历史事实而来的。按照考古学家所说，是玄鸟氏族诞生了商族。既然如此，那么天女生下布库里雍顺是不是事实呢？也许满族始祖布库里雍顺的出生根本就是真实的，是人们把传说变成了神话。

四　是谁安排的满族祖先?

暴风骤雨肆虐着乡野，黑漆漆的夜里电闪雷鸣，狂风把雨滴吹成密密麻麻的有力的箭矢，又像一条条皮鞭抽打在树上……在一片怪异的声音里，一个无助的女人跪在地上，她因为失去了亲人仰面朝天痛苦地喊着："天哪……"她的面孔上分不清是雨水还是泪水。

一位婆婆在市镇上丢了自己的儿子，她哭瞎了眼睛，在懊悔和孤独中艰难地生活了半辈子。突然有一天，她的儿子推门而入，母子团聚的时刻，老婆婆会高兴地喊道："天啊……"老天还给了她的儿子，也还给了她的幸福和希望。

一位中年妇女在街上优雅地买菜。琳琅满目的商品和街市上熙熙攘攘温馨快乐的格调，让她脸上洋溢着一种满足和享受。这时她突然看到路边的小商贩被执法人员毒打，她非常诧异地喊道："天呀……"她无法理解这种怪异的行为，是他们破坏了她心中的祥和。

每当出现一些非正常事情的时候，人们总爱说："天啊！"好像一切都跟天有关。即使现在的年轻人也会感受到老人们一代代传承的结果，也是很自然地说道："天啊……"

然而，无论其他人的命运是否是上天安排的，但满族的祖先布库里雍顺的命运却和天有关。在《清始祖传奇》中，王松林运用了他非凡的想象，把布库里雍顺的前史写得很有人情味，也非常符合敦化附近的山川地貌、风土人情。

我总在想，一个作家，如果没有一定的线索和依据，凭空去编造一段神话，是很难想象的。那么，在他的这个神话里，很多事情是非常值得考古学家和历史学家去琢磨一番的。

那么王松林在三天女洗浴之前到底写了什么？在第一回中，他写了“萨满女神下天庭旧国重游，长白山三姓争权战火纷纷”。先不论长白山三姓如何争斗，就说萨满女神重游旧国。旧国是什么地方？就是敦化。当年靺鞨人大祚荣带领部下在东牟山解蹬下马，树壁自固，建立渤海郡国，俗称旧国。按王松林说法，三姓驻地应该在今天的官地一带，并非在长白山腹地。按照杨明谷老先生的考古文献，布库里雍顺乘筏子下山，也是在官地、雁鸣湖一带上岸，两者说法相同。神话需要认同感，而不是空穴来风。

唐朝册封渤海国

王松林在开篇写道：“契丹灭渤海国之后，使得女真人国破家亡，所到之处奸杀掠抢无所不为，抓男丁为奴，掠女为妾，残杀无辜，令人惨不忍睹。昔日繁华、人丁兴旺的渤海京都敖东城，如今已是一片残垣断壁、地旷人疏的凄凉景象……”

大元朝末年由于朝廷荒淫无道，九重天之上的天庭派真龙下界，转生为朱元璋，灭元建明。此事天庭一传出，惊动了萨满女神，她想：“我女真遭了劫难如今变成何种模样了呢？”随即悄悄离开天宫驾云来到人间，顺着长白山前行，青山、江河依旧，而当年兴起的部落却因战乱所剩无几，大地变得哀鸿遍野，一片荒凉。萨满女神心中不觉叹息：“这样下去，我女真何时才能真正兴起啊？”她思虑着，不知不觉便来到了昔日渤海国都城——敖东城。昔日繁花似锦、人烟兴盛的国都，现已是四周残垣断壁，当年的皇宫、官府、民宅也都荡然无存了。旧城内满是废墟，遍地瓦砾，荒无人烟，满目凄凉，昔日繁华的海东盛国，现在变成这般景象，由此可见契丹灭渤海国的惨况，是何等触目惊心。萨满女神见景伤情，内心悲伤，落泪悲叹道："昔日旧国龙兴地，今朝荒芜帝王都。"女神狠狠地咬下嘴唇自言自语地说："旧国不能荒废，我得帮助我的女真人东山再起！现在百废待兴，中原大地真龙临凡灭元，我得辅佐女真人重新兴起，将来在此龙腾天下，振我女真的雄风……"

王松林在开篇就塑造了一个萨满女神，此女神知道了即将改朝换代，便到旧国当初的渤海国地界去游历一番。然而就在萨满女神感慨万千之际，却听到三姓杀伐之声，三个部落的人杀在一起。看到这令人生气的场面，萨满女神振兴女真的决心更加坚定，于是有了一个大胆的计划，让女真族兴霸天下。

我真不知道萨满女神在天庭中是何地位，如果一个普通的神就能改变天下，让人无法信服。但看到南天门的门官向她行礼，可能是在天庭之上有职司的神。记得《封神演义》中，姜子牙辅佐周文王、武王奉天承运，灭掉暴虐无道的昏君商纣王，申公豹鼓动阐教人物横加阻挠，百般对抗。按说阐教人物虽未受封，但都是相当于神仙地位，加上阐教教主，更有偷天换日之功，颠倒乾坤之能，虽然如此，但还是以失败告终。那么一个萨满女神就能改变天下吗？这一点，我不敢苟同。也许是上天的旨意，只不过是由萨满女神着手办理吧。

三天女下凡

至于三天女纯属于巧合。萨满女神来到南天门，正好看到佛库伦姐妹三人要下界游玩，门官不许。萨满女神看到三天女回转，便给门官一些人间的山果，让他到一边偷偷吃，她替他看管南天门。在和门官对话中说人间仙境景色好，说长白山的天池水凉，可以到圆池去洗。还暗示三天女可以变成鸟，飞过南天门的。等三天女下界之后，心中暗喜，我女真重兴，就靠这三位仙女了。便在天庭里找到喜鹊仙子，从衣袖中拿出一个红颜色的果子，让她去办一件事。

这里的关键是红色的果子，看来就是能让佛库伦怀孕的东西，必须让佛库伦吃下去，才能怀孕。这就需要喜鹊仙子去逗引佛库伦。而喜鹊仙子也是这样做的，把红色的果子放在佛库伦衣服之上。佛库伦穿衣时必须把果子放到一个地方，在圆池岸边，是没有地方放果子的，她只好把果子放到嘴里，才能穿衣服。后来在恩古伦拍打之下，追问是什么好东西时，果子不小心落进肚里。结果，就是佛库伦怀孕了。

天女浴躬池

在这段故事中，萨满女神说的果勒敏珊延阿林山就是长白山，在果勒敏珊延阿林山前面有座布库里山，山上有个圆池，是人间洗浴的圣地。看来，三天女洗浴的地方是在布库里山上，这个布库里山绝不是长白山，而是在长白山的前面，所以说，这个布库里山的位置相当重要。

对于布库里雍顺来说，这一切才刚刚开始。

人间并不是像三天女想的那么美好，三天女留在人间要遭受很多苦，她在天上是想什么就有什么，从来没有为生活奔波劳动过。但现在她要学会生存，要经历人间的春夏秋冬。

看看王松林是怎样描述布库里雍顺的降生的吧。

“光阴似箭，日月穿梭，寒去春来，春走秋临，转眼又到了三仙女降临长白山的初秋季节，三仙女佛库伦也整整怀孕十二个月了，满山遍野，红果满枝，山珍丰硕，加上艳阳普照、温馨如火，好一派金色收获的景象。三仙女来到人间第一次感到这充实饱满的季节给自己带来的衣食无忧的幸福感受，她抚摸着高高隆起的腹部，自言自语道：‘我儿真是大富大贵之人，在金子一样的季节降生，五谷丰登，衣食天来，我儿就姓爱新觉罗吧，像金子一样高贵纯洁，像金子一样坚硬光亮，好让全天下族人衣食无忧、五谷丰收、生活太平、幸福吉祥！’”

“这时天际万道霞光喷涌，一群喜鹊从四周飞来，张开翅膀遮住佛库伦。佛库伦突然感到下腹一阵阵绞痛，她咬紧牙备好木盆和乌拉干草，仰卧在山洞里的草炕上。随着一声声撕心裂肺的阵痛后，一声惊雷般的啼哭，一个男孩降生了！更为神奇的是三仙女生下的男孩身体生长速度惊人，一天一个模样，而且生下来就能开口说话。刚来到世间的他对什么都好奇，对不懂的东西不停地问东问西，不得到答案誓不罢休。”

他出生后要学习很多人间的知识，知道自己和母亲的来历，知道自己的任务就是去调解三姓争乱，当他们的头人，抵御外来侵略，建鄂多里城，最后建立女真人的满洲。当然，他还要学会武艺，学会能征善战的本领。

“时光飞逝，不到一个月的布库里雍顺已长成大人，身高足有八尺，膀阔腰圆，虎背熊腰，浓眉大眼，鼻直口方，耳大有轮，一副贵人之相。三仙女佛库伦见自己的孩子长成这样一个英俊潇洒少年，心里十分欢喜，每日都在旁细细端详着自己的儿子，‘儿啊，你现在已长大成人了，应去你要去的地方，去重兴女真。地上一年，天上一天，娘也该回天庭去了，不能再继续陪伴在你身边了。’说完将正古伦留下的弓箭交给了布库里雍顺，‘这是你二姨留给娘防野兽和狩猎用的弓箭，是仙物，现在娘把弓箭留给你，帮你定国安邦。’”

佛库伦帮助布库里雍顺编好柳木筏子，然后就告别布库里雍顺，她飞到空中，变成了一只天鹅。布库里雍顺喊她：“娘啊，鹅娘啊！”满族人叫母亲为额娘，就是从这里开始的。

布库里雍顺从此开始了平定三姓的道路。然而，任何道路都不是平坦的，都是要经过曲折的。布库里雍顺也是如此。他的出发地是牡丹峰，按现在的地点就是牡丹岭，是牡丹江的发源地。这一切都符合现在敦化境内的山川河流。

布库里雍顺沿江而下

布库里雍顺在前进的过程中遇到了萨满女神，得到了萨满女神亲传的功法，这就让布库里雍顺武功出众，胆识过人；这就让他能担当三姓头人，打下了基础。

下面就让我们欣赏一下萨满女神的装束和功法吧：布库里雍顺狼吞虎咽地吃完女神给自己烤的野鸡肉，然后来到女神跟前，等待师父教自己神功。女神打开黄皮包，从黄包里拿出神鼓、腰铃、神帽，还有萨满神的日月星光萨满神刀。这神帽是用天上的仙女所织的云霞彩缎做成，上边绣有恩都里神像和萨满女神像，边上插着白色天鹅毛，萨满在神会上，或是预测大事时，都必须戴着神帽，所请的神灵才会附体。神鼓是用兽皮制成，中间有个铜圈，八根红绳拴在鼓圈上，红绳上串着响动之处，上面也画着恩都里神像和萨满神像，萨满神用鼓鞭敲定神鼓，所请的神才会前来。腰铃是用铜制成的，长筒形，上有鼻拴在扎腰的大带上，筒里拴着铁棍，摆动时铁棍打在腰铃筒上会发出优美的声音，和神鼓配合恰到好处。最主要的是日月星光萨满神刀，又称为萨满宝刀，全刀总长大约一尺八寸，弯形，刀柄长六寸，刀长一尺二寸。此刀非一般金属锻造而成，这是萨满女神用日月星光之气整整炼了七七四十九天，也就是人间 49 年的时间才炼成这把神刀。这刀不是用来防身御敌的，在萨满神教出现时，跟随着也出现了一些鬼蜮邪魔混进教中，为了清理门户，防止教中鱼目混珠，女神炼成这把神刀，在神会上将神刀放在神殿上，就会将混进的邪教人驱逐出去，使萨满神教光明正大。后来女神的弟子、徒子徒孙也打造了萨满神刀，但根本不能用来驱邪，只是个摆设，唯有这把神刀在神会上能把混进来的鬼蜮邪魔驱出去，还可在暗中废除冒充萨满的鬼蜮邪魔的功力。女神还练成一套萨满神功，这套功法是穿铁鞋、戴铁帽、舔红枣、捋红绦、跑火池、下油锅、上刀山、坐刀轿、单掌劈石、钻冰窟窿十种功法。

萨满女神所做的这一切，就是秉承天意，振兴女真，结束东北地区的混乱局面。萨满女神选中了布库里雍顺，布库里雍顺也不负所望，经过多年的努力，终于完成了母亲和萨满女神的嘱托，统一各部，筑起鄂多里城，建立了满洲。

五　建立满州

长白山是三江的源头，松花江、鸭绿江、图们江像一首长诗，平平仄仄，绵韵不断，它谱写了靺鞨人传奇的骨骼，唱出了女真人刚直的魂魄，尤其松花江是满族人生生不息的源泉，如奔腾的血脉，充盈着民族的不屈和果敢，最后走出这祖居龙腾之地，带着皇室的发祥和高贵的血统，闯入关内，统一了中国。

长白山，满语称果勒敏·珊延·阿林。《山海经》称不咸山，北魏称徒太山，唐称太白山，金始有长白山之称。《山海经》将长白山称为不咸山，是因为这里白色的火山浮石类似芒硝或食盐，应该是咸咸的，但尝之不咸却始终泛白。一般有广义长白山和狭义长白山之分。广义长白山指整个长白山山地，为中国东北地区东部山地的总称。狭义长白山为张广才岭、威虎岭、龙岗山脉以东的长白山山脉和长白山主峰。

《清太祖实录》记载："先世发祥于长白山，是山，高二百余里，绵亘千余里。树峻极之雄观，萃扶舆之灵气。山之上，有潭曰闼门，周八十里。源深流广，鸭绿、混同、爱滹三江之水出焉"，鸭绿江自山南西流入辽东之南海；混同江自山北流入北海；爱滹江东流入东海。三江孕奇毓异，所产珠玑珍贝为世宝重。其山风劲气寒，奇木灵药应侯挺生。每夏日，环山之兽毕栖息其中。山之东，有布库里山，山下有池，约布尔里湖。相传有天女三：曰恩古伦，次正古伦，次佛库伦。浴于池，浴毕，有神鹊衔朱果置季女衣，季女爱之不忍置诸地，含口中，甫被衣，忽已入腹，逐有身。告二姐曰：吾身重，不能飞升，奈何！二姐曰：吾等列仙籍，无他虞也。此天受尔娠，俟免身来，未晚。言已别去。佛库伦寻产一男。生而能言，体貌奇异。及长，母告以吞朱果而有身之故。因命之曰：汝以爱新觉罗为姓，名布库里雍顺。天生汝以定乱国，其往治之。汝顺流而往，即其地也，与小舠乘之。母逐凌空去，子乘舠顺流下。至河，步登岸。折柳枝及蒿为坐具。端坐其上。是时，其地有三姓争为雄长，日构兵，相仇杀。乱靡由定。有取水河涉者见而异之，归语众曰：汝等勿争，吾取水于河涉，见一男子，貌甚异，非常人也。天必不虚生此人。众往观之，皆以为异。因诘所由来。答曰：我天女佛库伦所生，姓爱新觉罗氏，名布库里雍顺。天生我以定汝等之乱者。众惊曰：此天生圣人也，不可使之徒行。遂交手为舁，迎至家。三姓者议曰：我等盍息争，推此人为国主，以女百里妻之。遂定议，妻以百里，奉为贝勒，其乱乃定。于是布库里雍顺居长白山东，俄漠惠之野，俄朵里城（今敦化敖东）。国号曰满洲，开基之始也，历传至后世。

从长白山走出来一个身材魁梧、年少英俊的巴图鲁，他是带着上天的旨意，来振兴女真的。他就是爱新觉罗·布库里雍顺。爱新是族名，觉罗是姓氏，后来合为一个姓氏，意思是像金子般高贵的觉罗族。

布库里雍顺乘柳筏子来到三姓之地，他顺流而下的江是奥娄河，又叫忽汗河，现在叫牡丹江。有挑水的、洗衣的看见了布库里雍顺，“见一男子，貌甚异，非常人也。天必不虚生此人。众往观之，皆以为异”。

看来布库里雍顺天生异相，不是普通民众。布库里雍顺就告诉了自己的来历。“我天女佛库伦所生，姓爱新觉罗氏，名布库里雍顺。天生我以定汝等之乱者”。那时的人心是非常诚实的，非常容易相信别人，不像现在，你就是说出大天来，也没人相信你，甚至会觉得特别可笑。这些人不仅相信他，还把他迎进部落，推选他为国主，还把头人的女儿百里姑娘嫁他为妻，奉为贝勒。

努尔哈赤建立大清王朝后，谥号布库里雍顺为清始祖。清高宗乾隆皇帝御制全韵诗中对始祖布库里雍顺倍极称颂。诗曰：

天造皇清，发祥大东。
山曰长白，江曰混同。
峻极襟带，福萃灵钟。
山顶有潭，闼门名扬。
三天女者，降而浴躬。
神鹊含果，吞以娠中。
锡之姓名，母遂凌空。
有取水人，见讶异征。
交手舁归，推为主国。
三姓定乱，鄂多城崇。
号建满洲，开基肇宗。

布库里雍顺平定三姓之乱

三姓之乱就这样平定了，看起来很容易，其实不然。在《清太祖实录》中寥寥几笔，是古人文风之干练，事情并非像文字这样简单。试想，其中一姓的头人把格格嫁给了布库里雍顺，其他两个部落会服气吗？会不会有争斗呢？明的不行，就来暗的。本来三姓头人都想当酋长，来了一个外姓人，就因为长相特殊，年轻帅气，就让他当了国王，这可能吗？这期间一定会有让三姓头人服气的地方，或者是实际争斗过程中，武功超人；或者在处理部落间的大小事务，以德服人，这样才能让三姓推举为国王。

那么从神话中我们得知，旧国敖东城的山外，是连绵起伏的长白山山脉，东靠奥娄河，依山而居有三个部落。东面是努雅拉克部，部落的贝勒（部落里头人）名叫白雅玛发，他的祖先是当年渤海国的靺鞨人。因此，白雅玛发是靺鞨人的后裔，国难后，他的先辈在这里重新建立了部落，到现在为止落有上千户人家，是三个部落中最大的部落。白雅玛发为人心地善良，从不与人争锋，自幼练就一身好武艺，手使一杆大铁枪，在三个部落中有独一无二、万夫不当之勇。白雅玛发胸怀大志，有复国之心，梦想有一天可以靠自己的力量统一三姓，恢复旧国之志，再重新将女真族统一。他年近四十，年富力强，武功在三姓中也算是数一数二，但他在三个部落中从不盛气凌人，为人处世也都以和睦相处为首，目的是想逐渐统一三姓，有一天当上三姓的酋长。

白雅玛发的福晋是胡苏里，是部落里的萨满，为人和善，心地纯良。部落里各家男婚女嫁都离不开她，所以，她在努雅拉克部落享有很高的信誉和地位，部落里不分男女老少，辈分大小高低，人们都习惯称她胡苏里讷讷。她给白雅玛发生了三个孩子，两男一女，长子名叫白天龙，次子名叫白天虎，女儿名叫百里格格。这位格格生得眉清目秀，貌似天仙，有沉鱼落雁之容，避月羞花之貌。因为格格的容貌可说是百里难找，千里难寻，因此人们也都称她为“百里格格”。

这个百里格格是纯粹的靺鞨血统，她与布库里雍顺的结合只能是纯正的女真人。现在很多不了解这一段历史的人说，女真人沿袭的是黑水靺鞨的血统，与粟末靺鞨没什么关系，这就大错特错了。我们只能说，到了努尔哈赤时代的女真人或者满洲人，他们与黑水靺鞨、粟末靺鞨都有血脉关系。渤海国国破的时候，很多渤海人也同黑水靺鞨一样，也都走上了被强迁的路途。如果单从努尔哈赤来看，粟末靺鞨才是真正的皇家血脉。这就是为什么现在人都说敦化是清朝皇室的发祥地，原来皆因如此。

西面的山下住的是靺鞨氏后裔祜什哈里的部落，全部落人口不足千户。部落贝勒是郎成虎，此人也是一身武艺，但为人却是眼空四海，目中无人，为人处事横行霸道，有唯我天下独尊之心。他妄图通过战争吞并三姓，争当三姓的酋长。郎成虎处处想方设法挑起三姓部落之间的事端，好乘机征服努雅拉克部和南面的伊克勒部，实现当三姓酋长的野心。郎成虎有吞并其他两个部落的野心，但此人却有勇无谋，出谋划策全依靠自己的弟弟郎成豹。郎成豹虽武功不高，但足智多谋，又是祜什哈里部落的萨满，会萨满法术外加单掌劈石的气功，在三个部落里也是颇有名气的。

伊克勒部落的贝勒关长胜，四十岁出头的年纪，也有着一身的好武艺，且足智多谋。他的部落是三姓部落中最小的部落，部落人口虽少，但他的心力不小，一直想要吞并其他两个部落，尤其是祜什哈里部的郎氏二兄弟，到处烧杀、掠、抢，恨不得早日除掉这个心腹之患。为了灭掉其他两个部落，增强自身的战斗能力，他将自己部落里的人悄悄带到大山深处进行操练，以准备将来一举消灭努雅哈克和祜什哈里两个大部落，好统一三姓，成为三姓酋长。

布库里雍顺降服猛虎

这三个部落的头人都想当上三姓酋长，多年来已经厮杀成性，有了很深的矛盾和仇恨。如果说只凭布库里雍顺的三言两语就罢手言和，是很不现实的事。这主要有两个方面的原因，一方面是布库里雍顺下山时征服了一只老虎，老虎成了他的朋友，布库里雍顺坐在虎背上，威势大增，他又能双手分开搏斗当中的两方兵器，这让大家有了畏惧，不敢造次；另一方面，这时有了一个人物出场了，他就是长白山家喻户晓的长白大萨满，此人受过萨满真传，30 年前在一次萨满神会上表演了神功，技压群芳，一举成名，名振长白山。他体健长寿，至今高龄多少无人知晓。他是祜什哈里部落郎成虎、郎成豹和伊克勒部落关长胜的师叔，由他出面主持三姓比武，决定酋长归宿。

比武都是萨满大会上经常表演的各项神功，刀山、火海、下油锅等很多种。布库里雍顺是萨满女神的徒弟，这些功夫自然难不倒他，他很自然取得胜利，坐到酋长的位置。

当上三姓酋长后，布库里雍顺大展神威，建鄂多里城，娶百里格格，收复周边的各部落，一时间各方来投，在长白山地区影响非常大。也有不服的部落，在三姓争斗时期来此掠夺过，尝到了甜头，如今看到满洲国物产丰饶，更是增加了他们的贪婪，前来骚扰。当然，结果就是：来一个灭一个，来两个降一双，就连非常有名的熊阿里也被降服。天下归心，满洲国为以后的清王朝和满洲的发展提供了一定的舆论基础和纯正血统。

在历史的长河中，一个优秀的民族得以传承必然有其坚强的意志和民族优良的品格，必须有天下归心的德行和雄才大略，必须有天时地利人和的条件，所以说，奉天承运，顺应潮流，才能开一代伟业。但有些统治者却强调纯正的血统、高贵的出身，以此愚弄百姓、满足虚荣。

建立一个国家所需要的人才是不可或缺的。布库里雍顺以三姓为基础，不断笼络人才，使他的国家日益强大。对待各部落，布库里雍顺使用不同的手法，或武力征讨，或怀柔施恩，使得八方来聚，四海来投。布库里雍顺在谋士的建议下比文取士，比武选将。对于一个崇尚勇敢和武艺的民族，有这样的机会来争取巴图鲁的名号，是他们一生的梦想。通过比武选拔，布库里雍顺得到了大批武将。

建立一个国家，还有一个程序是必需的，那就是祭天祭祖。布库里雍顺当然也不会例外，他带着文武大臣来到鄂多里城南面的山上，祭拜渤海先人。渤海国是靺鞨族人大祚荣建立的，国运229年，当年的版图几乎囊括东北的土地，还有一些现在俄罗斯和朝鲜边境的一部分领土。布库里雍顺所在的女真部落，都是渤海的后人，祭拜祖先是理所应当的。

鄂多里城南面的山现在叫六鼎山，原来叫六顶山，是由六座山峰组成的。改成六鼎山是近几年的事，敦化政府为什么要改，其中的寓意是什么，到现在我也没有弄清楚。传说在古代的六鼎山叫六里山，也许是和鄂多里城有六里距离的意思吧。

在《清始祖传奇》里，王松林详细地描写了布库里雍顺的这次祭祖。他是这样写的：六里山王陵前，郎成豹早都收拾得干干净净，在王陵前设好了祭坛，香炉内焚着香，摆好牛、羊、猪三牲祭品，放好香、蜡、纸箔和纸人纸马之类的物品。

布库里雍顺和众大臣身着素袍，站立于王陵前肃立默哀，祭司在祭坛前念着祷文："前朝先王，为了女真渤海的兴起，树我民族之志，纵横天下，秣马厉兵，扬我族威，崛起旧国龙兴之地，呜呼！虽大势已去，但我女真精神尚存，今满洲国王在登基之前前来祭拜，望祖先保佑我满洲国兴盛强大，再龙兴旧国之志，祖先王魂九泉之下，如有在天之灵，助我布库里雍顺一臂之力，成其大业！愿前朝之祖英灵永存，名垂千古！”

布库里雍顺在鄂多里城建立满洲国，并下昭莫额里、长白六部，还有熊部及收来的 99 个小部落，人们都是无比兴奋。渤海国被契丹灭掉，一直是部落分散各自为政，相互残杀，如今布库里雍顺结束了残杀的局面，族人再也不用日日担心有人前来抢掠。布库里雍顺下昭，普天同庆十日，很多人为此特地来到鄂多里城参加建国庆典。

布库里雍顺登基做了满洲国王，鄂多里城灯火通明，彻夜不眠，城门昼夜不关，街上族众来来往往，车水马龙，络绎不绝。他们在鄂多里城外的山下，奥娄河边点起篝火，人们围在篝火旁，烤着各种珍禽野味，用奥娄河水炖着奥娄河中的鱼，风味独特，香飘四野。人们吃着烤肉，喝着美酒，跳着神舞，心中充满了无限的的喜悦。格格们清亮的歌喉如夜莺一般回荡在星空中，久久不散。年轻的阿哥们，则来到人群中央，跳起舞蹈，他们个个身体灵活，步伐矫健，如同豹子一样，轻灵迅捷。众人举杯欢畅，祝福这绿色金子般的满洲国永远繁荣昌盛，太平吉祥。

汉代以后，不同朝代的史书上分别记载的挹娄(汉、三国)、勿吉(北朝)、靺鞨(隋、唐)、渤海、女真(辽、宋、元、明)，是肃慎的后裔，都是满洲一脉相承的祖先。满洲国的建立，延续了肃慎族的血脉相传和发展历史，奠定了开创清朝一代伟业的基石。

六　满洲与“满洲国”

为什么会突然想起这两个地方，且把这两个地方联系起来，我还真是无从解释，只能说是鬼使神差，一个非常偶然的思路把两个相隔1000多年的地方联系起来。“满洲国”不仅是满洲的今世，更是清王朝的268年的灰烬。

严格地说，“满洲国”并不能算是一个国家，因为它的建立，并非独立自主地得到国际承认的，是日本人所扶持的一个傀儡政府。而布库里雍顺建立的满洲国，是指他初创的长白山福地。“长白山高二百里，周围千里，山之上有湖名闼门，湖之周围有八十里。由此山流出者有鸭绿、混同、爱滹三江。在白山之东方俄漠惠之郊野，俄朵里城居住。平定了乱国而名其国曰满洲”。

布库里雍顺的满洲也是国，是狭义上的满洲，是由长白山周围60多个部落组成的。后来又迁居于赫图阿拉，即今之兴京，也就是辽宁新宾县。布库里雍顺被后代追封为清始祖。

其泛指的地理概念就是今天的东北，这时满洲的概念已经不是布库里雍顺建立的满洲了，这个满洲的含义是清王朝入关前的所属地盘，也就是“满洲国”当时所辖的土地；从满洲到“满洲国”，名字仅有一字之差；还有就是同一民族的沿袭传承，这就使这两个地域相同、名字相同、民族相同的在历史当中存在的年代不同的区域，有了比较的必要。

渤海国对日外交

布库里雍顺在今天的敦化筑造了鄂多里城，建立了满洲国。满洲作为一个民族的名字和一国国名走进了女真的历史。当时的满洲国也是很大的一个国家，很多部落纷纷来投，有苏克素护部、萨尔浒、嘉穆湖、沾、王家、额勒敏、札库木、萨克达、苏完、董鄂、雅尔古、安达尔奇部、窝集部、瑚尔哈、瓦尔喀、费优、萨哈尔察等部落，也有被征服的，如玛尔墩、浑河部、托莫河、章佳、巴尔达、俄尔浑通、佛朵河、哈达、辉发、绥芬、宁古塔、尼玛察、兀拉乌苏、雅兰、西林、额赫库伦、叶赫、珲春、夸兰等各部，其版图在长白山广阔地区展开，深入今天的辽宁新宾和黑龙江的宁安一带，在东北各女真部落中影响是很大的。

布库里雍顺是来自神话里的人物，是三天女佛库伦所生。而使她怀孕的却是一枚朱果，是一只喜鹊送来的神物。这个神物借助三天女非同一般的优秀基因，孕育了布库里雍顺这样一个伟大的人物。上天注定由他来兴盛女真，推动社会发展。布库里雍顺自他出生便注定了成为一个民族始祖。

布库里雍顺降生后，见风就长，母亲教他很多本领，告诉他的来历后，便编了一只柳木筏子，告诉他只要乘着柳木筏顺流而下，就会到达一个能成就大业的地方。布库里雍顺谨遵母命，乘上柳木筏，顺着河流出发了。

在这条河的下游，有一个叫“鄂多里”的地方，这里生活着一群人，他们分成东、南、西三个部落，平时以打猎为生，原本还彼此相处得不错，可是有一次为了一只狍子（一种类似鹿的动物）的归属问题，竟打了起来。事情的起因是，一只狍子中了箭，逃到东部落和西部落交界的地段死了，两边的猎人都说是自己打死的，互不相让，结果展开了残酷的厮杀，死了不少人。后来南部落的人来调解，拔出狍子身上的箭来鉴定，结果大出人们的意料，这只狍子原来是南部落的猎人射死的。于是猎物被南部落抬走了，东部落和西部落的头人看见自己部落死了这么多人，最后捡便宜的却是南部落，心中十分恼火，便鼓动各自部落中所有的男人去攻打南部落，南部落也不示弱，与他们展开厮杀，最后三方都死伤惨重。

鄂多里北边原有个熊部落，一直对鄂多里虎视眈眈，这次见三个部落互相残杀，连头人都死了，觉得是个好机会，于是倾巢出动，杀入鄂多里，三部落这时已经内斗得精疲力尽，结果被熊部落杀得血流成河，财产、猎物被熊部落抢掠一空，整个鄂多里变成了人间地狱。百姓们后悔莫及，只可惜此时没有强干的人能引领他们战胜外敌，脱离困境。

布库里雍顺顺流而下，在到达鄂多里的时候，一个正在河边汲水的姑娘百里一见布库里雍顺体貌英俊，气度不凡，便急忙跑回村里，对正在为争夺三姓酋长而刀兵相见的乡民们喊道：“你们先别打了。我看见了一个能给咱当酋长的人。”说毕，便领众人到河边观看。众人一见，果然非常人也，便问其来历。

布库里雍顺答道：“我乃天女所生！姓爱新觉罗，名布库里雍顺，是来平定你们的争战的！”众人听罢，齐声呼唤：“天生圣人啊！”随后便停止争斗，争请布库里雍顺到自家居住。布库里

布库里雍顺时代的人民生活

雍顺见众人争请不休，便说：“不要争了，我最先见到的是汲水的百里姑娘，就先到她家吧，然后再分别到各家拜访。”众人一听，觉得有理，便先后散去。

百里姑娘家第一个接来了“天生圣人”，自然要摆设酒宴款待布库里雍顺。布库里雍顺在穆昆达等几位酋长的陪同下赴宴饮酒。席间，大家对以前的仇杀深感悔悟，便祭整头猪以明誓，愿三姓人家永世修好。正在众人重归于好、酒兴正浓之际，又有人提议将百里姑娘许配布库里雍顺为妻。众人异口同声，拍额赞许。这时，布库里雍顺见百里姑娘头梳两把头，身穿左开襟旗袍，脚穿独跟木板鞋，水汪汪的眼睛，红扑扑的脸蛋，实在招人喜爱，便勇敢地走到百里姑娘面前，解下自己的香荷包，作为订婚的表示。百里姑娘接过香荷包，羞得满脸通红，连忙转身跑了出去。众人又是一阵欢腾。

额娘的传说

有了主心骨，鄂多里的人们一下子都团结起来了，他们跟随布库里雍顺打猎捕鱼，先解决了肚子问题，然后又修建了一座坚固的鄂多里城，并日夜操练刀枪，以抵御熊部落的再次入侵。

果然，凶蛮的熊部落再次向鄂多里发起了进攻，但这时的鄂多里人民已是空前强大了，布库里雍顺率领族人奋勇冲杀，很快就把熊部落敌军打了个落花流水，熊部落头人跪在布库里雍顺脚下连喊饶命，承诺再也不敢入侵鄂多里了。

在与众人相处的日子里，布库里雍顺得到了三姓人的信任和依赖，不久便被推举为三姓之地的酋长，呼为贝勒。布库里雍顺贝勒带领众人建堡筑寨，创建了鄂多里城，形成了爱新觉罗部。从此，布库里雍顺和百里姑娘成了满族人的始祖，便在这里繁衍后代。

从此，布库里雍顺便在鄂多里城建立了满洲。

还有另一个满洲。这种说法与布库里雍顺建立满洲其实也没有矛盾。明朝中叶，定居在今吉林省东部地区的建州女真部落经常受到来自松花江中游以下至黑龙江流域东面濒海一带的海西女真忽刺温部落的侵扰。1438年，建州卫都指挥命李满住率领部族西退，移驻灶突山东浑河上。不久，清太祖努尔哈赤五世祖也率领所属部族300余户退至浑河支流苏子河一带，与李满住部族居住在一起。后来，努尔哈赤统一了女真族各部，于1616年在赫图阿拉建立了金国（后金国），并以“满住”做尊号，自号“满洲”大汗，从此产生了“满洲”一词。布库里雍顺是努尔哈赤的祖先，布库里雍顺最早建立了满洲，但其后代子孙不善于抚民理政，满洲就半途夭亡了。后来努尔哈赤重建满洲，也算是继承了祖宗的基业。

过去，“满洲”又可叫满住、满珠、曼殊、文殊，没有固定的用字。清天聪九年（1635），太宗皇太极把女真人改称为满洲人，满洲也就成了民族的名字。辛亥革命以后，人们将“满洲族”称为“满族”。因为满族兴业之地是在东北三省，又因汉语“洲”字有地名之意，可用来假借，故习惯上便把东北一带称为满洲了。

满洲的来历中，虽然有着杀伐征战，但故事里充满了美好和善，让人内心温暖的东西。而“满洲国”则不然，从它建立之初，就充满了阴谋罪恶、血腥和残酷。前一段故事有着神话的色彩，顺应天道；后一段故事逆天而行，违背人伦和社会发展，必将受到人们的唾弃，成为历史的笑话。

1931年“九一八”事变后，日本帝国主义侵占了整个中国东北地区，使其沦为日本的殖民地。1932年3月9日，在日本军队的撺掇下，末代皇帝溥仪从天津秘密潜至东北，在长春成立了傀儡政权，也就是伪满洲国。1932年9月15日，日本关东军司令官兼驻满全权大使武藤信义和伪满洲国总理郑孝胥在长春签订《日满议定书》，日本正式承认伪满洲国。

其实，日本觊觎中国的土地已经是很久的事情了，狼子野心路人皆知，但有些人的警惕性明显不强，就连张学良也是如此。如果当时对清朝的遗老遗少们的行动多加注意，便可发现很多问题。

在“九一八“事变前夕，日本鹿儿岛步兵第四十五连大队长吉冈安直少佐给溥杰寄来一封信，当时溥杰正在日本的贵族学习院学习。受到吉冈安直的邀请后，溥杰来到了鹿儿岛做客。其间，吉冈安直对他说：“回到天津，请转告令兄，别看张学良在东北为所欲为，不久中国东北也许会发生什么事，令兄是大有前途的，希望他多保重，等待时间的到来。”这种耐人寻味的话，即使是傻子也会明白其中的意思。甚至还有一个叫水野的给溥仪一把扇子，扇子上的题字：“天不可空勾践，时不可无范蠡。”在日本引用这两句的典故也是有据可查的。1331 年日本后醍醐天皇为灭掉镰仓幕府而举兵，因战败被幕府所俘，随即被流放到日本的隐岐岛。流放途中在一所院子里休息时，一位忠臣就把这两句刻在院子中的一棵樱花树上，鼓励天皇要学习中国的勾践，为恢复故土而奋斗。后来，这位天皇在“范蠡”式的忠臣的帮助下，终于消灭了幕府，回到了京都。这个日本故事名叫“建武之中兴”。

日本人的阴谋，很早就彰显出来，甚至到了毫无顾忌的程度。

待“九一八”事变后，以蒋介石为首的国民政府采取了不抵抗政策，命令东北军不战而退，不到半年时间，日军就轻易占领了东北三省。接着，就策划采取什么形式、建立怎样的统治机构，来对东北实行殖民统治。日本参谋本部曾设想过几个方案：第一，建立名义上归国民党中央政府管辖的亲日新政权；第二，成立“独立国”；第三，直接并吞中国东北领土，划入日本版图。日本统治者和关东军内部经

伪满洲国碑

激烈争吵，最后确定第二方案，成立“独立国”。关东军制订的《满蒙问题解决方案》中说：“建立以宣统帝为元首，领土包括东北四省及蒙古得到我国支持的新政权，使之成为满蒙各族的王道乐土。”并规定这个政权的“国防和外交由新政权委托日本帝国掌握，交通、通信的主要部分也由日本管理”。这是伪满洲国最初的草图。

其实，很多人不清楚当时溥仪和日本人之间的关系。对于溥仪、溥杰和一些清朝的遗老，他们想要的是清朝的辉煌，想要恢复帝制振兴清朝的，而不是当个大总统或执政者，这对于他们根本没有任何实质上的意义，都是日本人的代理人。对于溥仪、溥杰来讲，由皇帝而当大总统，本身就是有失身份的事，并且日本人对待溥仪只是利用，毫无诚意可言。举一个例子：当溥杰从日本回到长春（那时叫新京，是“满洲国”的国府所在地），溥仪动用了拼凑的警卫队去车站接他，仅仅是为了装饰一下场面，但事后关东军的代表却对溥仪提出了抗议，说溥仪派警卫队去车站，是违反了武装人员不得进入附属地的协定的，请阁下今后严加注意，不要再这样做。溥仪听罢，还不得不表示歉意。通过这样的事例，不难看出，日本人对溥仪等人是一点都不尊重的，态度是极其骄横的，根本就没拿溥仪当作真正的执政者或总统。

作为布库里雍顺的子孙，溥仪想振兴清王朝、恢复帝制的意愿都是他和清朝的遗老遗少的想法。但历史的选择又到了一个新的节点，上天又有了新的安排。

东北易帜后，随着中国国内日趋统一，日本灭亡中国、称霸世界的迷梦受到震动。1931 年，日本参谋本部提出的《形势判断》中，进一步细化了武装占领中国东北后的行动计划，第一步建立取代张学良的亲日政权，但形式上仍将其置于中国中央政府的主权之下；第二步建立一个由日本控制的满蒙政权，并将其从中国的中央政府独立出来；第三步占领满蒙并将其纳入日本版图。但“九一八”事变爆发后的第二天，关东军参谋板垣、石原等就准备直接实施第三步，当时日本参谋本部派去制止关东军起事的建川美次虽不同意直接实施第三步方案，但他却表示对关东军的行动不加约束。

从日本人的计划可以清晰地看出，日本人建立满洲国只是权宜之计，它的最终目的就是想分裂中国，瓜分中国领土，溥仪等人只是被人利用而已。

东北其实是个很神奇的地方，它繁衍了众多民族，都在这一舞台上粉墨亮相，来完成自己的使命。东北的历史，其实就是东胡族与肃慎族争斗的历史。东胡族经历了山戎、柔然、鲜卑、契丹、蒙古等阶段；肃慎族则经历了挹娄、勿吉、靺鞨、女真、满族。这两大民族在东北的舞台上是你方唱罢我登场，各领风骚几百年。中原人把匈奴之东的民族赋予东胡这样一个“雅号”，也是有一定道理的。东胡是东北最早取得政权的游牧民族，有人说是传承于殷商，但到底如何，我们现在还无法考证，知道只是和肃慎同时出现的古老的东北少数民族。从唐朝开始，东北政权开始了极为有趣的变化，先是有渤海国，是肃慎族后人；渤海国被东胡后人契丹所灭，建立辽国；辽国又被肃慎后人女真所替代，建立金国；后又有东胡后人蒙古人建立了元朝，影响波及欧洲；最后在明朝时，满族人入关，统一中国。从两个民族的争斗历史过程看，两个民族平分秋色，只是在最后，是满族人集体谢幕，并在东北由溥仪把历史的帷幕又掀起了一角，虽然并没有显露舞台上的风花雪月或者文治武功，但毕竟闪现了舞台一角，闪现了社会的原貌。

历史总是惊人的相似，就像玄鸟生商和佛库伦吞朱果受孕，就像满洲和“满洲国”，虽然仅仅一字之差，但却千年之隔。“满洲国”想在同一地点再创辉煌，怎奈时过境迁，天意难测，他们仅仅是涉过了历史的河流，并未在河流中像石头一样停下来。

七 英雄猛哥帖木儿

呜咽的西北风抽打着树木和风雪，凄厉的叫声仿佛在哭诉着寒冷的历史是那样的远古，渺无人烟的雪山窝里，猫着稀稀拉拉的村落，像一个个白色的坟场。这就是中国大东北的写照，是一部用绿色叶子缝合的白色历史画卷，是肃慎族人祖祖辈辈用汗水和血液叩拜的土地，是肃慎民族一代代延续传承的家乡。

鄂多里城自古就是三姓所建，这里是爱新觉罗繁衍昌盛的地方。爱新是族名，觉罗是姓氏，后来合为一个姓氏，意思是像金子般高贵的觉罗族。三姓自古以来就是处于季风性气候的地区，冬天时间较长，西北风持续长达五至六个月。每年冬季西北风便顺着忽汗河直扑鄂多里城而来。江口便是风口，当地人们称之为斡朵里、鄂多里、俄多里等。

《清史稿 · 本纪一》："始祖布库里雍顺，母曰佛库伦，相传感朱果而孕。稍长，定三姓之乱，众奉为贝勒，居长白山东俄漠惠之野俄朵里城，号其部族曰满洲。满洲自此始。"

从这里知道了布库里雍顺的来历，并不是民间传说，而是得到了清朝皇家的认可。三天女沐浴的圆池是在布库里山，不是长白山，布库里雍顺顺江而下，那个江也不是松花江，而是忽汗江，下游称为胡里改江，也就是后来的牡丹江。关于长白山几条江在《清实录》中是这样记载的：长白山高约二百里，周围约千里。此山之上有一潭，名闼门，周围约八十里。鸭绿、混同、爱滹三江俱从此山流出。鸭绿江自山南泻出，向西流，直入辽东之南海。混同江自山北泻出，向北流，直入北海。爱滹江向东流，直入东海。此三江中每出珠宝。长白山山高地寒，风劲不休，夏日，环山之兽俱投憩此山中。此山尽是浮石，乃东北一名山也。

牡丹江才是三姓的母亲河，布库里雍顺也是在牡丹江顺流而下，在鄂多里城上岸的，然后建立了满洲。布库里雍顺开创了女真的基业，通过多年的南征北战，终于在努尔哈赤时代统一女真各部落，建立后金，割据辽东。

女真传说

女真传说

女真生活

建州女真

布库里雍顺一世英雄，泽被乡里，50多岁就逝去。布库里雍顺虽然能力非凡，但是生的后代却很不争气。当布库里雍顺故去之后，他的儿孙不善管理，腐败糜烂，致使国家终于发生动乱，家族里只有一个小儿子侥幸逃脱。

这个小儿子叫范察，他逃到荒野中，但是后面的人紧追不舍。范察灵机一动，反正现在夜色黑暗，不如装成一段枯木。于是，他蹲在地上，好比一段枯木。突然，喜鹊飞了过来。喜鹊对爱新觉罗家族确实很眷顾，为了迷惑追兵，喜鹊故意落在范察的头上。

追兵们找不到范察，只好打道回府。范察逃出去以后，对自己的子孙后代留了一道祖训："不可以伤害喜鹊，喜鹊是神鸟，是我们爱新觉罗的福星。"

喜鹊对爱新觉罗家族还真是眷爱有加，这只神鸟，先是让三天女怀孕，生下布库里雍顺；后又保护他的儿子逃脱追兵，留下一脉香火，才有满族人的兴盛。

范察逃走之后，终生隐姓埋名，怕惹事生非，是个胆小怕事的主儿。这个传说不外乎是告诉人们，努尔哈赤的先祖们得到神的庇佑，另外也证实了满族人优待喜鹊并非空穴来风。

范察有一个非常了不起的孙子，叫孟特穆。孟特穆在明朝和朝鲜的官方文书中又被写作"猛哥帖木儿"。孟特穆这人有勇有谋。父亲挥厚、母亲耶乌居。挥厚为元代豆漫(佥事)。在《明英宗实录》中记载，在元明交替时期，建州女真地区的矛盾激烈，各部女真纷争不已，局势动荡不安。明皇朱元璋派燕王朱棣视察胡里改地区，安抚阿哈出等。时阿哈出将女儿嫁与燕王朱棣，朱棣当上皇帝后，阿哈出女为三皇后。后来阿哈出部经常遭受"野人"女真的侵扰。于是阿哈出率胡里改部族向南迁徙。与胡里改万户府阿哈出为邻的斡朵怜万户挥厚，也因不堪忍受"故元遗兵"纳哈出和"野人"女真的掠夺，于1372年被迫挚家流移，离开故乡，沿牡丹江溯江而上，迁至珲春河口奚关城（玄城）。

明洪武十七年（1384）斡朵里万户长挥厚去世，猛哥帖木儿承袭父职。为了帮助自己的儿子稳定局势，母亲耶乌居违心地嫁给了挥厚的弟弟包奇，后来又为他生了三个儿子。在耶乌居和包奇的全力支持下，猛哥帖木儿很快控制了所有村寨，斡朵里辖区内一片稳定。

元明交替之际，东北边陲战乱不止。元末蒙古势力与明王朝都在积极地招抚女真人，以此来巩固自身在东北边陲地区的统治。同时，朝鲜也采取相应的招抚措施，笼络女真人，为其所用。在明廷招抚女真各部时，朝鲜多次派出使臣，前往斡朵里部招抚酋长猛哥帖木儿，让其率部众投归朝鲜。

为了防备来自蒙古和朝鲜的军事侵扰，永乐九年，猛哥帖木儿率部众迁徙至凤州，即今日吉林省海龙县境内，与另一部阿哈出统领的女真人合住。永乐十年，女真人首领阿哈出率先接受了明廷的招抚，明廷设置建州卫，任命阿哈出为都指挥使，统领建州卫部众。在阿哈出的斡旋下，猛哥帖木儿也接受了

猛哥征战

明廷的招抚，率部众加入建州卫。宣德元年正月，猛哥帖木儿入京朝见明帝，明帝晋升猛哥帖木儿为都督佥事。猛哥帖木儿率部众加入建州卫后，由于建州卫女真人部众庞大，明廷决定从建州卫中析分左卫，任命猛哥帖木儿为都指挥使，统领左卫。

在此期间，朝鲜对猛哥帖木儿率部接受明廷的招抚，极为不满。他们曾多次试图招抚猛哥帖木儿都遭到了拒绝，由此而对建州左卫女真人采取了敌对态度。朝鲜以女真人抢掠为名，派出大军剿杀女真人，制造了豆门惨杀案。在这次惨杀案中，朝鲜军队杀死了毛怜卫女真酋长及其部众数百人，又杀死了两名斡朵里部女真人的酋长，都是建州左卫属民，为猛哥帖木儿的属下。对朝鲜军滥杀无辜的做法，猛哥帖木儿异常愤怒，决定出兵，以血还血，与朝鲜军交战。

为了防止事态扩大，引来明廷的干预，朝鲜方面采取了妥协的策略，将率军制造豆门惨杀案的将军赵涓撤职查办，派出使臣“赐以宣酝，加以抚慰”。并向猛哥帖木儿解释，此次惨杀案的发生，“非国家之命，实边将之擅兴，国家以延嗣宗代涓，如涓赴京，欲治擅兴滥杀之罪”来安抚猛哥帖木儿。被朝鲜撤职的将军赵涓，并没有被朝鲜国王治罪，朝鲜方面欺骗女真人的做法很快被猛哥帖木儿识破。

毛怜卫的女真酋长被朝鲜军杀害后，明廷谕令猛哥帖木儿兼管毛怜卫部众。在兼管毛怜卫时，毛怜卫族众强烈要求都指挥使猛哥帖木儿出兵，为他们报仇。猛哥帖木儿有些犹豫不决，他们竟怀疑猛哥帖木儿“私结朝鲜”，为了防止女真各部族间发生分裂，取得各部的信任，猛哥帖木儿决定向朝鲜发起进攻，以报豆门惨杀案之仇。

永乐八年四月，猛哥帖木儿下令向朝鲜发起攻击。复仇心切的女真人奋勇异常，取得大胜。后来在明廷的干预下，猛哥帖木儿于5月间同朝鲜举行了和谈。和谈后，猛哥帖木儿同意朝鲜罢兵的请求，率部众返回居地。猛哥帖木儿与朝鲜方面的和谈虽然已经结束了，但是，女真人善斗、复仇欲望强烈的民族属性，却被朝鲜军队滥杀无辜的豆门事件激发起来，和谈的成功并未能弥合双方已经产生的裂痕，女真各部仍不时向朝鲜军民发起进攻，攻掠次数有增无减。

为了逃避女真人的侵掠，朝鲜“移庆源府于镜城”。朝鲜移府之际，女真人跟随抢掠掩杀，迫使朝鲜将镜城以北的土地放弃。此时女真人复仇的目标，最终锁定在了朝鲜将军赵涓身上，各部族四处追杀朝鲜官吏，形貌似赵涓者，多被杀害。为了斩杀赵涓，女真人突入朝鲜中原，冒死追杀，朝鲜举国震动。

建州左卫与毛怜卫女真人，在朝鲜招抚不成发展到仇杀长达半年的时间里，自身部族势力遭受到了重大损失，而带给朝鲜的则是灾难性的后果。此次混战，对猛哥帖木儿产生了极大的影响，使他更加坚定地依靠明王朝，受其节制。

永乐二十一年，明廷明令猛哥帖木儿所属的建州左卫可于朝鲜境内的斡木河一带居住。并命朝鲜依其所请，发给谷种、口粮。从此，建州左卫与朝鲜的关系在明廷的严令下得到了逐步的改善。

英雄猛哥帖木儿

猛哥帖木儿率部在斡木河流域居住期间，另一部女真人在酋长杨木答兀的率领下，经明廷同意后，也来到斡木河流域居住。后来，杨木答兀拒不接受明边官的约束，率部众屡次侵略开原，背叛明廷。明廷决定派出军队武力征服杨木答兀，并命令猛哥帖木儿率部协助明军。猛哥帖木儿在协助明廷征服杨木答兀过程中，与杨木答兀结下了深仇。杨木答兀发誓必报此仇。宣德八年十月，杨木答兀联合各地的野人女真百余人，采取突然袭击的方式，包围了猛哥帖木儿及其长子的住所，放火烧杀。猛哥帖木儿虽然拼力冲杀，但终因寡不敌众，与其长子一起被杨木答兀杀害。其弟凡察在拼杀中，冲出了强敌的围杀。在这场仇杀中，猛哥帖木儿的次子董山和一部分部众，被杨木答兀等人掠走。

猛哥帖木儿遇难后，明廷于宣德九年，任命其弟凡察为建州左卫都督佥事，掌领左卫卫事。董山等人，后经明廷的干预，从野人女真部众中赎还，返回了建州左卫，并掌领了卫事。

后金政权建立后，崇德元年，清太宗皇太极追尊猛哥帖木儿为泽王，入太庙祭享。同时，为泽王及其妻子在兴京陵内设立了衣冠冢。顺治五年，爱新觉罗·福临下诏封尊猛哥帖木儿为肇祖原皇帝，其妻子为肇祖原皇后。顺治十二年，修建了肇祖皇帝神功圣德碑楼，以满、蒙、汉三种文字刻写了碑文。

顺治把猛哥帖木儿封为肇祖原皇帝，是因其战功卓著，在爱新觉罗族群的成长延续中，起到了不可或缺的作用，并为后来清王朝的建立发展储备了家族的自信、荣耀和正统的血脉，是代表着天的意志，除旧布新，建立一统江山。

孟特穆能得到众人的拥护，能取得这么大的成就，最后达到了人生的巅峰，是因为他身上确实有着与众不同的品质和性格。在一次复仇行动中，他把仇人引诱到苏克素护河呼兰哈达山下一个叫赫图阿拉的地方，然后杀一半，留一半。后来，孟特穆定居在赫图阿拉；再后来，他的气消了，把另外 40 多人也放走了。

孟特穆是努尔哈赤的六世祖。后来，为了躲避战乱，孟特穆带着家眷们投靠朝鲜，和朝鲜宫廷关系密切。直到明成祖朱棣的时候，孟特穆还活着，当时朱棣下诏安抚女真各部，希望流亡在外的女真族都回到大明帝国的怀抱。朝鲜国王李芳远对孟特穆也非常重视。就在孟特穆举棋不定的时候，朱棣点名让孟特穆回国。可惜，朝鲜那边不愿放行，他们说："所有女真人都可以放行，就是孟特穆不行。"

孟特穆也很识抬举，尽心尽力为朱棣办事，所以君臣之间的关系非常不错。孟特穆对朱棣的忠心到了什么程度呢？可以说到了家破人亡也要赴汤蹈火的地步。

在斡木河之变中，孟特穆听从朱棣的命令，去招抚一批不太听话的女真族。招抚没有成功，双方大打出手，这是孟特穆没有料到的，他没有想到还有人敢跟大明作对，并和他结了死仇。终于在一个月黑风高的晚上遭到了仇人的报复，孟特穆和长子死于仇人之手，他的次子被仇人掠走。后来，迫于明朝这个大帝国的压力，仇人不得不归还孟特穆的次子董山。董山本以为大难不死必有后福，没想到回来后，没法继承父亲的职位，这是因为叔父凡察在那儿霸占着，这样一来，家庭不和谐，一场斗争是免不了的。

明朝为了缓和这对叔侄之间的矛盾，给董山升职，让他和叔叔平起平坐。明朝决定将建州一分为二，左卫由董山掌管，右卫由凡察掌管。这样一来，各有各的地盘，井水不犯河水，矛盾才得以缓解。

董山与明朝的关系不太好，势力强大之后，经常在边境处打砸抢。董山的三儿子叫锡宝齐篇古，锡宝齐篇古只有一个儿子福满。福满就是努尔哈赤的曾祖，后来被追尊为兴祖直皇帝。

福满有六个儿子，第四子叫觉昌安，是努尔哈赤的祖父，后来被追尊为景祖翼皇帝，居住在赫图阿拉。觉昌安的第四子塔克世被追尊为显祖宣皇帝。最后，我们为努尔哈赤的直系祖先编一条线索：布库里雍顺—范察—孟特穆—董山—锡宝齐篇古—福满—觉昌安—塔克世—努尔哈赤。

从布库里雍顺建立满洲，到孟特穆带领族人迁移到图们江流域，爱新觉罗家族由盛到衰，由衰到盛，孟特穆是其中关键人物，他避免了爱新觉罗家族的灭亡，而是继续发展壮大，为清王朝的建立打下了坚实的基础。

孟特穆骁勇善战，是女真族的英雄。英雄，猛哥帖木儿！

八　忍辱负重的爱新觉罗·觉昌安

历史走到这里，离大清帝国就差一个舞台，一帷幕布了，东北历史乃至于中国历史正在按着必然规律和天道运势，一步一步向大清的起点走来。该发生的已经发生了，不该发生的都没发生。

自从布库里雍顺按着萨满神的旨意，建立了满洲国之后，兴亡转换，爱新觉罗家族经过几代人的奋斗，建州女真在抚顺马市一带开创了一片新天地。

从布库里雍顺开始，到范察、孟特穆、董山、锡宝齐篇古、福满，再到觉昌安，不知过了多少年多少代，建州女真走入了爱新觉罗·觉昌安的时代。

觉昌安是福满的第四子，觉昌安第四子塔克世生三子，长为努尔哈赤，次为舒尔哈齐，幼为雅尔哈齐。觉昌安是努尔哈赤的爷爷。觉昌安是女真建州都指挥使，智慧过人，杀伐果断，万历年间在抚顺经营马市，发展农耕经济。

当时，部众屡受董鄂部部众侵掠，势孤力单的福满显得束手无策。而觉昌安却提出了由兄长索长阿出面，与势力强大的哈达部酋长王台联姻的策略，以求得王台的帮助，打击董鄂部的势力。在觉昌安的谋划下，索长阿之子与王台的女儿成婚，两部形成了联姻关系。在此之后，觉昌安与索长阿二人频繁地往来于哈达部，不惜以厚礼结交王台，使之关系更加密切。在此基础上，觉昌安请兄长索长阿出面前去哈达部，向亲家王台陈诉屡遭董鄂部侵掠之苦，恳请借兵打击董鄂部。王台随即答应了索长阿的请求，派出了一万军士协助觉昌安兄弟前去攻打董鄂部。在这次对董鄂部实施的军事打击中，觉昌安兄弟六人攻掠董鄂部村寨，满载人畜而归，一时在女真诸部中名声大振。而觉昌安家族与董鄂部的仇怨却愈积愈深。

觉昌安率部众频繁地进入抚顺马市，将本部所产的粮食、麻布等物品拿到马市进行贸易，换回大批女真人生产生活用品，并在每次入市中都得到明边官的赏赐。在明廷边官的眼目中，觉昌安已经不仅仅是建州左卫女真人的都指挥使，而且是一位非常懂商情的女真“买卖人头目”。建州左卫女真人在这一时期的农耕经济发展，奠定了苏克素护河部女真社会稳定的基础。在此期间，觉昌安以明廷地方官的身份，约束着部众，使自己的属下极少出现参与入边抢掠事件，而更加得到明廷的赏识，继而被晋升为都督佥事。

然而，建州右卫王杲的崛起，却使觉昌安始料未及，使其统治地位迅速衰落，昔日里安宁的部众环境也被彻底打破。

王杲率部众于古勒城崛起后，部族势力四处扩展。对待王杲，觉昌安初期以笼络手段，欲想为己所用，随将自己的女儿嫁给王杲之子阿台为妻，形成了联姻。但是当两部联姻后，王杲非但不受觉昌安的约束，反倒自称为都督，尽收苏克素护河部部众，连六祖子孙也都相继投归到王杲麾下，成为王杲的部将。孤立无助的觉昌安父子，在王杲的劝说下，也率族众归附到王杲的统治势力中。

觉昌安管理的马市

觉昌安父子在王杲帐下期间，王杲待其甚厚，遇事与之相议。然而，为人狡诈的王杲在屡次率部众侵掠明边时，都挟持觉昌安前往，由此在明边官心目中，觉昌安父子亦属背叛明廷的女真人酋长。

为了不背上叛明的罪名，觉昌安父子暗中与明边官往来，密报王杲部众的侵掠动向。同时，在王杲的制约下，又不得不随从王杲等人入边抢掠。时间一长，在明边官眼里，认为觉昌安父子“构间两端”，是一位不可靠的女真人酋长。

当王杲与来力红等人诱杀了明抚顺备御裴成祖后，震惊了明廷，随即招致了辽东总兵李成梁率军的严厉打击。明军杀死了王杲的得力战将来力红等人，血洗了古勒城。只有王杲在战前率家眷逃离了古勒城。王杲在逃过明廷军兵的追杀后，逃到哈达部投奔了王台，被王台设计醉缚后押送明廷，被明廷处死。在李成梁率明军第一次血洗古勒城时，由于觉昌安父子事先得到明廷边官的信息，借故离开了古勒城，返回了自己的祖居地赫图阿拉城，才躲过了这场劫难。

王杲被明廷诛杀后，其子阿台、阿海等人怀恨在心，誓要为父亲报仇。阿台兄弟三人便集聚起昔日的部众，重新修筑了古勒城与沙济城，操练部众，随时准备为父亲报仇。阿台率众再次在古勒城兴起后，觉昌安父子不得不像往日一样听从于阿台的调遣。觉昌安与阿台是翁婿姻亲关系，因此，当阿台掌管部众时，觉昌安便不像往日在王杲帐下的光景，自如了许多，他们会经常居住在自己的城寨中，各行其是，而不必终日职守在古勒城中。

满族狩猎

为了缓和与董鄂部的矛盾，足智多谋的觉昌安又想到了联姻。在他的撮合下，家族内与其相邻的几个部落联姻，此后，觉昌安部族免除了来自各方侵扰的忧虑。

相对稳定的部族环境，促使觉昌安率领部众积极地发展农耕经济，以此来摆脱女真人有史以来经济生活不稳定的局面。在建州左卫部众的农耕生活中，觉昌安借助自己与明廷边官的良好关系，将先进的汉人生产工具从马市交易中买回，分配给部众，推动农耕产业的发展。在前往抚顺马市的贸易中，觉昌安风雨不误。

觉昌安生有五子，长子礼敦敢独自与黑熊搏斗，次子额尔衮能射下天上的大雁，三子斋堪能与骏马赛跑，四子塔克世一顿饭能吃两头牛，一箭射穿两只虎，五子塔察篇古有着像海东青一样锐利的眼睛。在觉昌安五子中，长子礼敦武艺超群，善于征战。此时，在苏克素护河诸部中却有两个酋长恃强，称霸一方。在这两个酋长中，一个酋长生了九个儿子，九子个个强悍，善于争斗。另一个酋长武艺高强，可以身背铁甲，持兵器连跳越九牛面不改色。他们各恃自己强悍，胁迫邻近村寨归属自己，并不时向觉昌安父子发出挑衅信号。这两个部众的崛起，打破了苏克素护河往日的平静，终日里厮杀不断，你争我抢，使左卫都指挥使一职形同虚设。

觉昌安决胜疆场

为了能控制住苏克素护河部内部纷争的局面，觉昌安决定率五子及部众进行征讨，彻底清除两寨的敌对势力。在为时数月的较量中，觉昌安凭借着自己的智慧及礼敦兄弟们的骁勇终于收服了两部部众，使苏克素护河方圆二百里的女真各部落“悉听调遣”。

礼敦属于郡王，清朝宗室，清景祖觉昌安长子，努尔哈赤伯父。在宁古塔兄弟六人中，觉昌安的势力较强，为氏族之长。礼敦协助父亲击败了强悍的两个部落，扩张领地二百余里，因在征战中所向无敌，号称巴图鲁。死后葬于赫图阿拉的觉昌安与塔克世陵侧，天命九年（1624）迁葬于东京城（今辽宁辽阳）。崇德元年（1636）创建太庙，清太宗皇太极追念礼敦创业之功，追封礼敦巴图鲁为武功郡王，于太庙后殿右末立位，为当时唯一同姓功臣配享太庙者。

觉昌安的强大使明朝的总兵李成梁不安起来，他害怕女真人统一起来，于是便阴谋杀害觉昌安一家。这时觉昌安长子礼敦的女儿，也就是清太祖努尔哈赤的堂姐嫁给了古勒城主阿太，李成梁招诱了图伦城主尼堪外兰合兵攻打古勒城，古勒城城小地狭，哪里抵挡得住大军，阿太派人向觉昌安求救，觉昌安怕孙女被害，便带领着儿孙们及部落中所有的青壮年男子驰援古勒城，来到城外，打退了围城的敌人。阿太见救兵已到，便打开城门，古勒城得到了一支生力军，人心也稍微安定了下来。

觉昌安日夜上城巡视，指挥着部众，极力防御，连续多日明朝队伍也攻打不下。有一天，城下来了一个人，大呼开门，觉昌安从上俯视，原来是尼堪外兰。尼堪外兰原为觉昌安的旧部，所以两个人相识，觉昌安问他来此为何，尼堪外兰说主子在此特来相见。觉昌安见他只是一人一骑，便让他进了城。

尼堪外兰抱膝跪在觉昌安面前，觉昌安问他为什么要联合明朝攻打古勒城。尼堪外兰连声谢罪，并说道："我原来不知道古勒城主与主子您有亲戚关系，所以才来冒犯，后来得知主子您前来援救才恍然大悟。我已经向明朝的李总兵说明了主子您威德及人，骁勇善战，李总兵愿意退兵，如果主子您能说服古勒城向明朝交纳岁金贡品，李总兵愿上报朝廷，给主子封爵，统领建州。"觉昌安说："咱们女真人说话算话，你能保证你没欺骗我吗？"尼堪外兰说："我也是女真人，如果我骗了主子，愿死于乱刀之下！"性情直爽淳朴的觉昌安相信了他的话。

第二天一早，尼堪外兰辞别了觉昌安，果然包围城外的大军也撤退了。阿太十分高兴，拜谢觉昌安的援救之恩，一面备办宴席款待觉昌安，一面杀猪宰羊慰劳士兵。大家喝得大醉，各自休息了。深夜中突然炮声滚滚，喊杀声震天，大家从睡梦中惊醒，不知道是哪里的士兵，觉昌安和他的儿子们连同阿太夫妻一起死在乱军中，明军残忍地将全城的男女老少杀死，古勒城变成了一座死城。

真是天不灭满洲啊！如同当年的范察一样，努尔哈赤逃了出来，他回到家中找到祖父留下的 13 副盔甲，发誓总有一天要为父祖报仇，消灭明朝和尼堪外兰！

努尔哈赤的父亲塔克世，与觉昌安同为建州都指挥使，一同死在古勒城中。恢复满洲的重任历史地落在年纪尚轻的努尔哈赤的肩上。努尔哈赤果然不负众望，恢复满洲，扫荡辽东，统一东北，建立了卓越的功勋。

然而，看着努尔哈赤最后成功，都觉得是必然结果，但这个必然里面藏着多少磨难和艰辛啊。这些磨难是用生命和鲜血凝成的，是用几代人的奋斗征战换来的。这是一条白骨森森的成功之路，正是这样一条艰涉难行的路，才让布库里雍顺纯净的血脉传承下去。

九　叶赫：存活在历史缝隙里的民族

正是柳芽含苞、万物渐醒、大雁北归之际。在松花江左岸呼兰河上游向南的旷野中，旌旗猎猎，战马嘶鸣，人声喧闹，车轮滚滚，烟尘四起，像一条黄色的土龙在缓缓蠕动，更像是一条褐色的洪流蜿蜒而去。这庞大的南迁队伍浩浩荡荡，翻山越岭，向辽东都司方向一路走来——这是一幅600多年前的画面，在我的脑中逐渐定格，并不断放大、放大……

（一）

一次笔会的机会，我来到了吉林省四平市。笔会期间，组委会安排我们到叶赫那拉城参观学习，正是这次机会让我一个长期悬而未决的问题得到了清晰的印证。

叶赫那拉城有点城的意思，看来当初没少投入。城的四周是高高的城墙，城门上方是暗紫色的五个大字——叶赫那拉城。城内有叶赫及满清实物馆藏、各种图片和介绍、满族饰品等。但最让我感兴趣的是在卖饰品的地方摆放的几本书，一本是柴运鸿著的《女真叶赫兴衰记》；一本是《叶赫河畔满族情》，是柴运鸿、柴冬雪合著的；还有一套吉林文史出版社出版的苏景春编著的四本薄册子，《叶赫史话》《趣闻逸事》《故事传说》《风俗雅趣》。我翻开这几本书，就像翻开了叶赫民族史，翻开了从渤海国到满清王朝的历史画卷。

肃慎是满族的祖先，是我国最早见于历史记载的民族之一。史载3000多年前，周武王伐纣攻占朝歌，消灭商朝，肃慎人前来朝贺，“贡楛矢石砮”。到汉代前后，肃慎被称为挹娄，他们“东滨大海，南邻不咸山（长白山），北极弱水（黑龙江）”。此后频繁与中原交好，“贡楛矢”“挹娄貂”一度成为中原朝廷入贡珍品，中原文化也传入北疆。到南北朝时，挹娄又名勿吉。虽然那时中原战乱频生，分裂割据，但勿吉仍与中原关系紧密，“朝贡不绝”。直到隋朝，勿吉才始称靺鞨。

靺鞨人的历史走到这一刻，已经深深地打上了中原文化的烙印。后世有人不无惋惜地推测：如果没有外来影响，土生土长的靺鞨人无疑会随着时光的脚步，渐渐地走进文明社会的大门。渤海国仿照唐朝制度已经进入封建社会，但被辽灭后，重新倒退到奴隶社会，历史的脚步在向后退步，这无疑大大减慢了靺鞨人的历史进程。

女真生活

渤海国建立前，靺鞨最后形成七大部落，以黑水、粟末部最为强大。粟末靺鞨在大祚荣的带领下，在敦化东牟山树壁自固，建立震国。公元713年，唐玄宗派遣使节崔忻册封大祚荣为“左骁卫大将军、渤海郡王”，授忽汗州都督，自此，去“靺鞨号，专称渤海”。722年，唐玄宗封黑水靺鞨首领为“渤利州刺史”；725年，唐朝在黑水靺鞨地区设黑水军，又置黑水都督府；728年，唐授云麾将军兼领黑水经略史。926年，辽灭渤海国，将黑水靺鞨由北向南大规模迁移，使黑水靺鞨向南伸展，取代渤海。辽国的契丹人称黑水靺鞨为女真，从此，女真这一称谓取代了靺鞨。

历史往往都是有前因后果的。《三国演义》开篇说，天下大事，合久必分，分久必合；中国编年体史书《左传》中曾说：“禹、汤罪己，其兴也勃焉；桀、纣罪人，其亡也忽焉。”自唐伊始，纵观东北各民族大势，无不是肃慎、东胡二族互为兴废，勃亡更迭。东北原始部落中的扶余族，因移居朝鲜半岛，和高丽、百济的命运无二，均被唐军所灭。所余肃慎、东胡二族，仍居故地，形成东西对峙的局面。一开始，肃慎族之粟末靺鞨，兴于唐代，而后则东胡族之契丹，兴于五代及北宋；再则肃慎族之女真，兴于宋代，再往后是东胡族之蒙古，兴于宋末而灭宋金。总共经历四国，实际只是肃慎、东胡两个民族相互更替而已。

女真传承

女真族的完颜部逐渐强大起来，在完颜阿骨打的带领下，1114年起兵攻辽，很快攻陷了辽朝许多城池，给辽朝沉重的打击。1115年，女真首领完颜阿骨打在阿什河畔“御寨”称帝，建立金政权，定都城会宁（今黑龙江省阿城东南）。1126 年，金朝灭了北宋，掳掠北宋徽宗、钦宗二帝，占领了淮河以北的半壁江山，势力伸展到黄河以南，肃慎族后裔的势力第一次跨过了黄河。1153 年，金朝的都城由上京会宁迁到燕京（今北京）。

完颜阿骨打为了适应社会发展进步的需要，创造了女真文字，译经史，试科举，吸纳中原文化和政治制度，使女真再一次步入封建社会，跻身文明行列。但这和渤海国相比，历史的进程差了 400 多年。

1234 年蒙古灭金后，中原女真加快了和汉族的融合。但居住在黑龙江中下游和松花江、乌苏里江流域东岸的女真人，仍以渔猎为主，逐水草而居，仍然保持其民族语言和风俗习惯，还处在原始社会末期。明朝初期，女真各部迁移频繁，主要有两支部落，一个是“海西女真”，一个是“建州女真”。海西女真又分哈达、辉发、乌拉、叶赫四部，史称扈伦四部。

女真风情

历史走到这里，叶赫一族才逐渐浮出水面。叶赫部的祖先生活在水草肥美的呼兰河流域，他们的头人打叶为了部落的生存，决定进京纳贡。《明实录·太宗实录》载：“永乐四年二月庚寅，女真野人头目打叶等七十人来朝，命置塔鲁木、苏温河、阿速江、速平江四卫，以打叶等为指挥、卫镇抚、千百户等官，赐诰印、冠带、袭衣及钞币有差。”打叶此去北京纳贡，受到了永乐皇帝的赏赐，得到了敕封，为部落赢得了名号——“塔鲁木卫”。正是这个塔鲁木卫成长壮大之后，在明朝和清朝的历史舞台上扮演了一个重要角色，这就是中国清王朝的“天潢一派”——叶赫那拉氏。

（二）

大约在永乐末年，打叶携其子，还有那个从蒙古土默特部入赘的女婿星根达尔罕，带领全族人离开了世代居住的呼兰河岸，向南迁移了。也就是这次大迁移，才算叶赫民族真正的起点。

在四平的叶赫那拉城，导游柴运鸿不无幽默地讲解着叶赫族的这次大迁移。他讲了一个有趣的传说：“当部族翻山越岭、涉水过江行进之时，只见前方天空出现一道红光，族人们望见无不惊喜，视为吉祥之兆。红光过后，打叶召集部族有关人员商讨，决定就在红光升起的地方建寨落户。此地当时称为璋地，是现在的吉林省伊通满族自治县的大碱厂。”

“一切安排停当，打叶指派星根达尔罕等人攀上附近的望远楼山顶峰。达尔罕登临山顶，举目远眺，顿觉心旷神怡，精神倍增。空旷的大川，溪流如带，起伏的山峦，松涛翠滴。星根达尔罕望着望着，突然惊喜地说，那面有北斗七星啊！众人顺着达尔罕所指的远山看去，果然有七座孤山，排列成一个近似北斗七星的形状。众人齐声喊道，龙兴之地，龙兴之地！于是，众人向那七座山峰叩首跪拜，祈祷部族昌盛永祥。于是，叶赫族在此繁衍生息，逐渐强大了起来。”这位星根达尔罕被叶赫后人尊称为叶赫始祖。

迁移大军与先前过来的那拉氏族融合在一起，共姓那拉氏。《满洲实录·卷六》中说：“初灭扈伦国所居璋地之那拉姓部，遂据其地，冒姓那拉，后迁叶赫河岸建国名。”叶赫那拉氏在后期满族中也是一个大姓，也是起源较早的姓氏之一。

叶赫的地理位置应该在今天的吉林省四平市梨树县东南部，叶赫，满语为“河边的太阳”，是满族的重要发祥地之一。16 世纪初，在部落酋长率领下南迁，来到叶赫岸边，以河为名称就叫叶赫部。约1573年，褚孔格的孙子清佳奴、扬吉努征服了周围的小部落，在叶赫两岸的山头上选择险要之地筑起两座城堡。每城有木、土、石三道城墙，还有护城河环绕，内有八角时楼，雄伟壮观，是中国北方少见的古建筑群体。叶赫东城保存完整，城内建筑台基，遗迹较多，其中点将台、烽火台尤为明显。

现在，沿着伊通河、叶赫勒河流域寻找叶赫族的脉络已经无迹可寻，只有几处断垣残壁在秋风中昭示着几个民族之间的掠夺、仇杀，汩汩血泪流淌成河，为后人浇灌着肥沃的土地。我抚摸着斑驳的城墙，就像抚摸着叶赫累累的伤痕，叶赫族在长达213年的远交近攻中身处夹缝之中，一边与明朝或战或和，一边与其他几部互有攻伐，这其中最惨烈、最纠缠不清的两个部落就是叶赫女真和建州女真。

建州女真南迁后，分布在抚顺以东以浑河为中心，东达长白山东麓，南抵鸭绿江边的广大地区。16世纪后期，女真各部迅猛发展，争夺、兼并、纷争不断，皆称王争长，互相残杀，甚至骨肉相残，倚强凌弱，恃众欺寡随处可见。建州女真猛哥帖木儿的六世孙努尔哈赤四面征战，统一女真诸部，悄然崛起。

（三）

在那个时候，联姻就是联盟。当努尔哈赤还籍籍无名比较落魄之时，来到叶赫，叶赫首领杨吉努看他相貌非常，日后一定非常人，就决定把女儿嫁给他。努尔哈赤欣然应允，随之就送来了聘礼。万历十六年，14岁的孟古由胞兄那林布禄亲送到建州部，与努尔哈赤完婚。孟古生得面如满月，风姿妍丽，庄敬聪慧，甚得努尔哈赤的喜爱，于万历二十年十月二十五日生下皇太极。孟古是第一个嫁给大清的叶赫族人，在大清的历史上也是非常有地位的皇后之一。皇太极登基后，上谥亡母孟古“孝慈昭宪纯德真顺承天育圣武皇后”，雍正、乾隆累加谥“孝慈昭宪敬顺仁徽懿德庆显承天辅圣高皇后”。

还有一位叶赫女人就是叶赫那拉布喜娅玛拉。这位叫东哥的叶赫女人恐怕是中国历史上最奇异的人物之一。她似乎是专为给努尔哈赤制造统一女真、挑战中原王朝的借口而降生的。她的婚姻经历，即使最优秀的言情剧编剧也甘拜下风。这匪夷所思的一切，验证了巫师关于她“可兴天下，可亡天下”的预言。当这个任务完成之后，她就离开了人世。

东哥应该是个个性极强的女人，她强烈拒绝了做“礼物”的命运。就在她将婚姻一变再变的同时，她的又一个姑姑（孟古的妹妹）在明万历三十八年，姐姐去世七年后甘心接受了和亲的命运，代替她嫁给了努尔哈赤。然而即使如此，也不能改变东哥必置努尔哈赤于死地的主意。努尔哈赤曾因为自己居然不能征服这位绝代美女而连声诅咒，说：“此女生不祥，哈达、辉发、乌拉三部以此女构怨，相继覆亡。今明助叶赫，不与我而与蒙古，殆天欲亡叶赫，以激其怒也。我知此女流祸将，死不远矣。”努尔哈赤真是太不应该了，东哥给他带来的好处，仅亚于他的生身母亲。

黑娘娘的传说

中国的男人，多数都喜欢把亡国的责任推到女人的头上，曰“祸水”。若是照这种说法，东哥堪称天下祸水第一人。叶赫那拉部的女人，总是跟爱新觉罗家族的关键时刻联系在一起。除了开国之初的孟古姐姐、东哥，叶赫那拉氏还在清王朝覆灭的时候为其提供了慈禧和隆裕，这奇怪的宿命，难道真应了那句诅咒吗？

传说在清太祖努尔哈赤崛起的过程中，将敌对的海西女真叶赫部消灭，该部酋长金台吉临死前发下诅咒："即使我叶赫族里只剩下一个女人，也要将建州女真灭亡！"所以太祖下令不许叶赫那拉氏女人入宫为妃。然而后来果然有了一个慈禧太后，所以这个谣言越传越真。实际上，大清皇朝200多年来，从来没有少了叶赫那拉氏后妃，只是有人以纳喇为姓（这也对，叶赫那拉本就是纳喇），所以没有十分引人注目而已。

从孟古开始，叶赫共有十位女人入宫为妃：

1. 太祖孝慈高皇后：名孟古姐姐，叶赫部贝勒杨吉努女。子一：太宗皇帝。

2. 太祖侧妃：叶赫那拉氏，叶赫部贝勒拜三女。女一：聪古伦。

3. 太宗侧妃：叶赫那拉氏，叶赫部贝勒阿纳布。子一：承泽裕亲王硕塞。

4. 太宗庶妃：叶赫那拉氏，英格布之女。子一：高塞。

5. 圣祖惠妃：叶赫那拉氏，父索尔和为叶赫部贝勒金台石孙（金台石为孝慈高皇后兄长）。子二：承庆、胤禔。

6. 高宗舒妃：叶赫那拉氏，永绶女，子一：第十子。

7. 宣宗和妃：叶赫那拉氏，成文女。子一：奕纬。

8. 文宗孝钦显皇后：叶赫那拉氏，惠安之女。子一：穆宗。

9. 文宗璷妃：叶赫那拉氏，咸丰时为璷贵人，后世累进璷妃。无子。

10. 德宗孝定景皇后：叶赫那拉氏，桂祥女。无子。

大清可以说是兴于叶赫，亡于叶赫，叶赫那拉氏孟古诞育的皇太极拉开了大清王朝的序幕，隆裕太后签发了清帝退位的诏书，宣布了大清王朝历史的结束，叶赫人宣示了一个王朝的开启和落幕。叶赫人在大清的历史上有着举足轻重的地位，他们用自己的才智建功立业，为清王朝的兴盛写下了浓重的一笔。尽管存在是非功过，但是瑕不掩瑜，他们续写着叶赫家族的辉煌。

（四）

清朝的书法家、旅行家杨宾为探望流放到宁古塔的父亲，取道柳条边，路过被封禁在柳条边内的叶赫都城，城垣依然屹立，在风雨中见证着叶赫部落的兴衰。杨宾有感而发，作了一首《叶赫行》：

柳条边外九十里，
叶赫河头道如砥。
荒荒草没两空城，
一在山腰一近水。
同行塞上翁，
回鞭指故宫：
自云叶赫王家子，
不与寻常六角同。
地广兵强称大国，
老城本在河东北。
……

在清王朝200多年的历史中，叶赫那拉家族孕育了众多杰出人物，他们像一颗颗闪耀的明星，辉映在历史的天空。从阿什达尔汉到苏克萨哈，从一代名相明珠到慈禧太后，无不为人津津乐道。尤其是文武全才的纳兰性德，更是被后代文学界大加赞赏。

纳兰性德字容若，别号楞伽山人，康熙朝大学士，叶赫那拉氏明珠长子。从他的别号上猜想，他对佛教一定也有所研究。纳兰性德既是大学士，又是御前侍卫，深受康熙帝的喜爱，经常陪康熙帝出游。

一次纳兰性德陪康熙帝来到了山海关，面对古老的长城，纳兰性德有感而发，写下了七律《山海关》，寄寓自己的感慨之情。当纳兰性德随护驾的队伍来到柳条边墙之下时，触景伤情，写下了七律《柳条边》：

是外垣篱防绝塞，角端西来画疆界，汉使今行虎落中，秦城合筑龙荒外，龙荒虎落两依然，护得当年饮马泉，若使春风知别苦，不应吹到柳条边。

对历史的凭吊和对祖宗的凭吊，纳兰性德在诗中表达了自己对先祖与建州女真“龙争虎斗”走向败落的痛惜之情。

康熙帝登上叶赫西城山上，登高望远，叶赫勒河水如一条绸带，飘忽在群山之间，河水两岸，杂草葳蕤，一片生机。而脚下的残垣断壁，在荒草之中逐渐沉没，一片孤寂一片凄凉，青苔瓦砾间还埋藏着勇士们的悲歌。山风疾过，像昔日的胡笳在耳畔悲鸣。康熙站在古战场上，追忆着先祖努尔哈赤征战叶赫国的惨烈与悲壮，面对此情此景，他随口吟道：“断垒生新草，空城尚野花。翠华今日幸，谷口动鸣笳。”

面对着自己先祖鏖战的古战场，纳兰性德写就了自己的又一个代表作《满庭芳·堠雪翻鸦》：

> 堠雪翻鸦，河冰跃马，惊风吹度龙堆。阴磷夜泣，此景总堪悲。待向中宵起舞，无人处、那有村鸡。只应是，金笳暗拍，一样泪沾衣。须知今古事，棋枰胜负，翻覆如斯。叹纷纷蛮触，回首成非。剩得几行青史，斜阳下、断碣残碑。年华共，混同江水，流去几时回。

词中描述了叶赫勒河畔古战场的凄凉荒芜，当年的争战，如同叶赫勒河水一样一去不返，唯有青史、断碣残碑还留在世上。

待到乌拉城时，一首《浣溪沙·小兀喇》随即生成：

> 桦屋鱼衣柳作城，蛟龙鳞动浪花腥，飞扬应逐海东青。犹记当年军垒迹，不知何处梵钟声，莫将光废话分明。

叶赫的后裔，总是希望叶赫部强大，这也在情理之中，他们心中总是有一个结，无法忘却叶赫被建州所灭，无法忘却那种血腥和残暴。

我站在新建的叶赫那拉城内，想象着那些令人血脉喷张的历史场景，这个一直处在战乱、屠杀的民族，他们和明朝对垒，和建州、哈达两部几十年的同时操戈，为了生存而战，为了壮大而战，他们处在几种势力的夹缝中，沉沉浮浮了200多年，完成了一个家族的起落、兴衰。

（五）

叶赫，这个响亮的族名，究竟里面隐藏着什么样的秘密呢？这个名字是因叶赫河而起，那么叶赫河的名字又从何而来？

我和导游柴运鸿唠了起来，我问他叶赫河名字的由来，为什么叫叶赫呢？他说这里面有一个传说：

西城山最早的时候是个牛样子湖，湖边是一片草地，距草地不远有一个村落，村里有一家大富户，姓常，因为他天性贪婪，剥削穷人，所以大家都叫他常黑心。

有一天，常黑心发现他家地里的庄稼苗有一片被牲畜吃掉了，再仔细一看是马蹄印。他想，全村就自己家有马，再就是十几里开外的人家有马，肯定是自己家的马溜缰了，可是他问遍了马夫和伙计都说没溜过缰。可是第二天又发现一小片庄稼苗被马吃了，常黑心决定晚上到地里看个究竟。

他在地里待到半夜时分，发现有匹黄马在吃庄稼苗，他不顾一切地冲上前，抓住了缰绳，可是黄马眨眼间就跑掉了。常黑心愣在那里，心想，等天亮顺着马蹄印找，看你能跑到哪里？

天亮后，常黑心沿着马蹄印翻山越岭，走到一块形状像马的石头前，马蹄印没了。他仔细看了一下石头，明白了，原来就是这块石头变成的马啊！看来这是块宝石啊！但苦于无法拿走，他心中犯愁，整宿失眠。

说来也巧，这天来了一个会看风水的老头，还会“憋宝”。两人一拍即合，常黑心把自己的经历告诉了风水先生。风水先生说：“我不和你分财宝，你只要给我一年的工钱就行了。”常黑心喜出望外，带着风水先生向石马走去。

风水先生又是画符，又是念咒，金马也没出来，他只是一个劲儿地拍脑门，突然，他似有所悟，只见他用锤子向石马的脑门用力敲去，就听轰的一声巨响，石马粉碎，烟雾升腾，一道红光飞向远处。再看那风水先生，早已脑浆迸裂，身首异处。常黑心苏醒过来，吓坏了，回到家中害了一场大病。

再说离牛样子湖不远的山坳里，住着一小户人家，只有一个老爷爷和一个不满 8 岁的小孙女俩人，孙女名叫叶赫，爷俩靠几亩山地和采集山货为生。

这天，叶赫家的地里来了一匹小黄马驹儿，一口一口吃着她家的庄稼苗，被叶赫赶走了。可是连续三天，小黄马天天来，眼看庄稼苗快被吃没了，爷爷说：“这马肯定是远处谁家走失的，我们先收养着吧，一来免得糟害庄稼，二来也避免被野兽吃掉，等失主找来了就还给他。”从此，叶赫天天放着小马，和小马产生了感情，小马也给他们家带来了乐趣。

秋天来了，冬天也要到了。野外的草都变黄枯萎了。然而，在湖边有处草仍然绿油油的，甚至比夏天的草还要嫩。更为奇怪的是，头一天被马吃过，第二天就发出新芽，而且长齐了。

这事被常黑心知道了，他气得要命，拿起锄头将草刨了个溜干净。可是过了几天，常黑心看到那块草地照样嫩绿，他明白了，斩草要除根，这回他把草根都翻过来了，突然在地里挖出个破泥瓦盆，把他的手震得生疼，他气得把破瓦盆扔进湖中。可是过了几天，那片草地又绿了。

就在这时，又来了一个年轻的风水先生，是老先生的儿子，他听常黑心讲了这一切，就告诉他，那泥瓦盆是王母娘娘的聚宝盆，等到某月某日，骑上小黄马驹儿顺跑七七四十九圈，再反跑七七四十九圈，湖水就干了，聚宝盆自己就会出现，而小黄马也将累死，变成一个金马驹儿。

常黑心看看时间到了，就到叶赫姑娘家，要借小黄马驹儿一用。叶赫姑娘就是不给，说：“你家骡成群，马满圈，借我的小黄马能干啥？不借！”常黑心看软的不好使，就来硬的：“这匹马就是我家当年跑丢的，若不还我，别怪我翻脸不认人！”叶赫姑娘心想，硬斗是不行的，就想到一个计策，便说：“我骑马在前面跑，你在后面追，我跑到哪里，你就追到哪里，能追上我就给你。”常黑心想，就这么一个小马驹儿，还驮着一个人，能跑哪里去？便满口答应。

叶赫姑娘在前面跑，常黑心在后面追，叶赫姑娘骑马就下了湖，常黑心哪顾得了这些，跟着就下去了。这时，就听湖心一声巨响，湖水激起一股水浪，把常黑心冲到湖里不见了。后来，喷出来的水流形成一条小河，湖水就干了，湖心鼓起，变成了山包。据说这是叶赫姑娘坐着聚宝盆长起来的。人们为了纪念叶赫姑娘，就将湖水流成的河叫叶赫河，将那座山叫叶赫山。后来女真人在山上建了城，又叫叶赫城，女真人把姓也改了，叫叶赫那拉。

那匹小黄马驹儿从湖中出来，跑到叶赫姑娘家，打了一个滚，变成一匹马形的金子，留给叶赫姑娘的爷爷，自己将精髓凝聚到那碎石马身上，又变成一匹石马。

柴运鸿讲完，我犹自沉浸在这美好的故事中。虽然我知道这只是一个传说，但我宁愿相信它是真的，祈愿由叶赫姑娘命名的叶赫族人，减少杀戮，消灭纷争，美满祥和，安定生活。

叶赫家族的起点是带有希望的，但他们的结局却是用血和泪浇筑的。尤其是金台石首领，宁死不降，直入明楼后室举火自焚未死，俘后被努尔哈赤绞杀。另一首领布扬古也是拒而不降，大贝勒代善发誓保证后，才开门投降。但布扬古被代善带去见努尔哈赤，布扬古面带仇怨，不跪不拜，仅一屈膝而已。努尔哈赤亲自以金杯赐酒，布扬古竟扭头不喝。努尔哈赤看他对自己不恭，分明是记仇，便在当夜将布扬古绞杀。叶赫的后代总是念念不忘家族的光辉与悲惨，把金台石首领看作是叶赫的大英雄。

叶赫家族从打叶开始，历经了一代代首领的努力，才使叶赫家族从弱小走向辉煌，名垂青史。他们的首领是打叶、捏列哥、撒哈答、童哈、齐尔哈尼、祝孔革、台杵、鄂岱、清佳努、杨吉努、布赛、那林布禄，最后是布扬古和金台石。

叶赫部自1406年建塔鲁木卫始到被努尔哈赤所灭，存世213年。在他们的家族奋斗史上不无悲壮地写满前进的各个里程，虽然他们没有留下可供瞻仰的文字，但他们的不屈不挠、在缝隙间求发展的精神，时刻警示着后世的人们。

十　仰望海东青

我喜欢海东青，喜欢它像流星一般义无反顾地俯冲，是那样决绝；在白云之上翱翔，是那样悠闲自在。它与所有的候鸟一样，从不改变自己的航线，心中期盼的是它永远的栖息之地。它是蓝天的精灵，是羽毛编造的皇冠，是满族人不变的图腾。

（一）

我住在爱新觉罗·布库里雍顺当年建立满洲的土地，长白山脚下，一个叫作敦化的地方。小时候生活在红石村，那里满是郁郁葱葱的山林和奔腾不息的河水，山上有很多野兽和鸟类，河里有很多游鱼，那是一个自然与人类共同生长、相互依存的地方。我记得很清楚，小的时候，经常看到大人们在一些野水泡子里打出很多鲤鱼、鲫鱼，个头都很大，都是用背筐背回家，除了人吃的都喂猪了。有个小故事，我去一个朋友家，他家住在河边，他看我来了，说取点下酒菜。我和他来到河边，他下河到一块大石头底下摸鱼，不一会儿，就摸出两条三四斤沉的鲇鱼，就像他家养的那样方便。

丰饶物产

山上的野兽也很多，我就见过野狼。当时我在割羊草，手里拿着镰刀，那条大灰狼就站在我前方20多米的地方看着我。我俩互相望着足足有10分钟，在于我，仿佛有一个世纪。狼走后，我发现我的手心、后背和脸上都是汗，那是一种不敢喘息的紧张，是我少年经历的最为恐惧的一件事。其他的野猪、狍子等都离得远，但都见过。

再有就是森林里的鸟了，这些鸟有家雀、野鸡、喜鹊、乌鸦、老鹰，除了老鹰外，其他的经常见，只有老鹰高高在上，很少近距离观察它。

正因为对老鹰的陌生，我才感到很神秘。大家把天上飞的一律称为老鹰或雕，根本不知道那里面就有海东青。《本草纲目·禽部》记载："雕出辽东，最俊者谓之海东青。"古代女真人狩猎以鹰、犬为伴，他们把猎鹰叫作海东青。海东青的意思：从琼海（日本海）东边飞来的青色之鹰。

一个偶然的机会，我看到了胡东林的纪实散文《鹰屯》，触动很深。胡东林是我非常敬重的文学前辈，他的长白山系列散文中的狼虫虎豹，俊鸟飞鹰，时刻在我心中的林海奔腾、飞翔，他那特有的儿童时间里闪耀着成人睿智的光辉。

让我最不能忘记的一次小聚，过后更难忘记。一次省作协的全委会结束后，本来应该是各奔西东，但梅河的张永霖张罗吃饭，参加的就四个人，胡东林老师、朱日亮老师、张永霖和我。这顿饭喝了很多酒，笑声不断，胡东林老师的笑话一个接一个，非常和谐的气氛。这顿饭吃了好几个小时，大家天南地北扯闲篇，吉林内外说文学。哪知过后不到一个月，就传来胡老师去世的消息，我心中很难过，吉林文学巨星陨落，文朋好友又少知己。胡老师虽然仙去，但他一定往生到清静凉爽、绿色蓬勃的地方去了。

对海东青进一步的了解，来自胡老师的《鹰屯》上。从吉林市乘船或乘车下行35公里有乌拉镇，这是一座昔日赫赫有名的乌拉古城，该城是海西女真乌拉部所建，至今遗址尚存。这里还是清王朝采猎土特产的基地——打牲乌拉总管衙门的旧址。自乌拉镇渡口过江至土城子再东行10公里，可到打鱼楼村。该村坐落于江北岸，依山傍水，古风犹存，至今还保留着驯养海东青的习俗。

通过胡东林老师的介绍，我知道了猎人捕鹰前祭祀山神、张网捕鹰、熬鹰、驯鹰和架鹰捕猎的全过程。

（二）

松花江流经乌拉街的江段，被人们称作“乌拉河”。在乌拉河两岸，流传着一个“黑头娘娘”的民间故事，是说打鱼楼的来历的：

皇太极登基以后，便想在乌拉一带选妃，因为他早就听说乌拉这一带的水好，大姑娘长得白嫩水灵。他对大臣们说：“昨夜先王托梦，说乌拉河边住着一位身骑土龙、手托刀切白玉方印的娘娘，能帮我治天下，此女出在三面环山、南面向水之地，应速派钦差寻访。”

钦差大臣来到松花江边，果真找到了这个三面环山、南面向水的小村子。当时，村里待嫁的姑娘乐坏了，纷纷梳洗打扮，迎接选妃的钦差大臣。但是，钦差看过之后，一个也不是。钦差便问：“村里的姑娘都来了吗？”

嘎善达（村长）回答：“都来了。”

钦差看了看不远处的一堵黄土墙，问：“那是谁家的姑娘？”

原来，这姑娘从小秃头，根本就没考虑选妃的事，所以也就没打扮，穿着一身布衣素裙出门去买豆腐，正巧迎面碰到选妃的钦差们。她又怕又羞，慌忙跳墙躲避，但她手里托着一方豆腐，跨上土墙却下不来了。

钦差大臣见状大声欢呼：“那位姑娘就是娘娘！她身骑土龙，手托刀切白玉方印，正应了皇上的梦境。快，请娘娘上轿！”

在去京城的路上，这姑娘一觉醒来，竟发现自己突然长出一头油汪汪的黑发。于是，大家都叫她“黑头娘娘”。

“黑头娘娘”到了宫中，备受皇上的宠爱，被册封为西宫娘娘。但是，她却总是想家，想家乡的山山水水，想江中的大鳇鱼。皇上见她整日想家流泪，便下令乌拉地方按时令贡献鳇鱼，还特地设立了打牲乌拉总管衙门和捕鱼八旗。为了贮存渔具，特地在“黑头娘娘”的老家建了“打鱼楼”。

这当然是传说，但也并非空穴来风，基本故事一定是真实的。当地女人借助这个故事，渴望改变贫困凄苦的命运。

就是这个“打鱼楼”村，自从清兵入关统一中国，建都北京后，便变得更加有名。因为皇家江山稳固，皇亲国戚、达官贵人生活无忧，便想到了各种消遣，有玩蛐蛐的，有斗鸡的，有条件的开始玩鹰了，而其中最贵重的莫过于海东青了。

其实海东青很早就成为满族的最高图腾了，它的久远可以回溯到古肃慎时期，那时就有“万鹰之神”“神的使者”“最接近神的存在”“神选中的子民”等含义，这里的神指的是肃慎文化的最高神——天神之母阿布卡赫赫 。在神话中海东青是一个浑身燃烧着巨大光、火和热，挥舞着巨大翅膀、永不停歇、永远怒翅飞翔的鹰神形象。

海东青雕塑

在通古斯语（满语、锡伯语、赫哲语、鄂温克语、鄂伦春语、达斡尔语等）中，海东青的发音熊库鲁、宋昆罗（jongkhurun），肃慎、女真、诸申、诸神、朱理真，都是满语 juonshen （jushen），这些都是同一个词不同汉译和转译。可以说海东青就是肃慎（满洲）民族的族名。

然而，几千年的延续，使得海东青仅存一种捕猎的功能，不能不说是一种遗憾，也许是后来满族把海东青具化的结果。而在远古的肃慎时期，海东青不仅仅是一种飞得最高、飞得最快的鹰隼，也可能是一种早已灭绝的巨大鸟类。根据《山海经》的记载，很有可能是肃慎地（古东北）大荒之中的九凤。

如果仔细研究就可发现，很多民族的图腾都是野兽或鸟类，鸟类图腾就有很多，大汉民族是龙凤图腾，商朝的图腾是玄鸟，肃慎的图腾是海东青。为什么要尊奉这些野兽或鸟为图腾呢，这可能是这个民族的缘起或者祖先与这种野兽或鸟类的缘分吧。

（三）

满族放鹰

满族是以射猎著称的民族，其先祖肃慎先民们很早就懂得捕鹰，驯化后，用来帮助猎户捕获猎物，俗称放鹰。早在唐代，海东青就已是满族先世靺鞨朝奉中原王朝的名贵贡品。唐代大诗人李白曾有诗："翩翩舞广袖，似鸟海东来。"富育光老师写的《七彩神火》故事中写到："天雕来自亨衮河以东"，满族话叫它松昆罗，意思是天雕从亨衮河飞来的。汉语把它译成海东青。有人说海东青可能是矛隼，它虽然大小如鹊，但天性凶猛，可捕杀天鹅、小兽及狐狸。《清朝野史大观》中这样描写了放鹰的方法：鹰以绣花锦帽蒙其面，擎者挽绦于手，见禽乃去帽放之。海东青都是野生野长，由人捕来驯化后再以供助猎之用，由于海东青不易捕捉和驯化，在金元时期甚至有这样的规定：凡触犯刑律而被放逐到辽东的罪犯，谁能捕捉到海东青呈献上来，即可赎罪，传驿而释。因此，当时的可汗贝勒、王公贵戚，为得名雕不惜重金购买，成为当时的一种时尚。

《红楼梦》的作者曹雪芹就捕过鹰、熬过鹰。曹雪芹的祖先为汉军旗，曹氏家族保留了关东捕鹰驯鹰的习俗和技能。

当年曹雪芹在北京香山就捕过鹰。他在打鹰洼找了块平地，挖了一个大坑，上面用木棍支起，坑盖上拴一只“虎伯喇子”（一种小型的食肉鸟，学名伯劳）。“虎伯喇子”是鹰的死对头，鹰一旦发现它，就会俯冲下来猎杀。曹雪芹在旁边支起一根横杆，站着四只被蒙着双眼的麻雀，再张好罗网，拉上一根很长的细绳，他本人则在山后边隐藏好。飞鹰看到“虎伯喇子”后，便俯冲下来，“虎伯喇子”急忙跳进坑里，坑盖就盖上了。飞鹰扑了个空，转身向麻雀扑来，曹雪芹急忙拉动绳子，罗网就扣住了飞鹰。

小时候，一说起熬夜就说熬鹰，但具体怎么熬，我还真不清楚。看过《鹰屯》，我知道了成为一只真正的猎鹰需要的几个步骤：拉鹰、驯鹰、鹰猎、送鹰。熬鹰仅仅为驯鹰的一个环节。

满族养鹰

拉鹰前，猎人要祭鹰神格格。就是先在山坡向阳处，用三块石头搭一个山神庙，它象征着鹰神在九层天上的金楼神堂。猎人插草为香，摆上供品，然后用家酿的米酒祭祀。边叩拜边唱祭词：

你哪州生，哪州长，哪个高山是你家乡？今天朋友把你请，请到我家有用场。一天供你三两肉，晚上陪伴守夜郎。

祭祀完神鹰，猎人便可以在事先选好的场子张网以待。网线要用绿色丝线织成，可与周围的草木混在一起，很难被鹰发现。猎人则躲进用树枝伪装的窝棚里，静等鹰的来临。

飞鹰来时会有尖哨声，鹰隼俯冲时，像一颗子弹，更像一道闪电，它撕裂了空气，引起空气的嘶叫。这时看到饵鸽一眨眼、一歪脖，便赶紧拉网，如此，飞鹰便自投罗网。猎人获得鹰后，要双手捧鹰在山神庙前再次叩拜，感谢鹰神格格的恩赐。

接下来的工作便是熬鹰了。把鹰放在鹰杵子上，连续几天不让它睡觉，借此来消磨它的野性，这个过程就是熬鹰。接着就是驯鹰，驯鹰的人叫鹰把式，需要胆大心细，把“生鹰”调教成“熟鹰”。鹰的性子很烈，有些鹰把式都被鹰抓伤过，也有些鹰没等驯成，就跑了。但驯成的鹰，便成了鹰把式的心肝宝贝，一旦丢失或放鹰后，都会心如刀绞。

架鹰打围是鹰把式的最终目的，对于山鸡、野兔等，自是不在话下，一天会有很多收获的。

放鹰是一个痛苦的过程。这个规矩是女真人代代相传的习俗。人类必须遵从大自然的客观规律，让鹰回归山林，繁殖后代。鹰隼都是候鸟，它筑巢在俄罗斯勘察加半岛的千仞绝壁上，每年秋天飞越日本海来我国的东北过冬，春天回老家繁育后代，所以民间有“二八月过黄鹰”的说法。所以鹰把式都会把鹰送回山林，它们多繁殖一个后代，蓝天里就多了一道美丽的影子。

海东青

（四）

肃慎民族把海东青作为最高图腾，不仅仅是因为海东青是世界上飞得最高和最快的鸟，有“万鹰之神”的含义，而是因为它的尊贵，它代表的精神。传说中十万只神鹰才出一只海东青，它代表勇敢、智慧、坚忍、正直、强大、开拓、进取、永远向上、永不放弃的精神。

海东青有很多种类，其颜色不一，以纯白色、天蓝色、纯黑色为上品。康熙赞美海东青：“羽虫三百有六十，神俊最数海东青。性秉金灵含火德，异材上映瑶光星。”不仅宣扬了武德，激励军勇，更夸耀了海东青性情刚毅而激猛，其品质之优秀可与天上的星星相辉映，其力之大，加千钧击石；其翔速之快，如闪电雷鸣。由此可见海东青在古代东北帝王眼中的地位，非比寻常。

白色的海东青俗名白玉爪，是难得一见的珍品。它在天空中飞过，像一支白色的箭羽；盘旋飞升时，又像一朵白云扶摇直上。由于它的颜色，经常与白云混为一体，很难被人发现。

白玉爪是海东青家族的极品。《柳编纪略》载：“海东青者，鹰品之最贵者，纯白为上，白而杂毛者次之，灰色者又次之……请鹰后得海东青，满汉人不敢畜，必送内务府矣。”传说白玉爪下地能抓狐狸、狍子、野鹿，上天能抓天鹅……现在的海东青都体态略小，古代的海东青一般都有 6 公斤，身高 1 米左右，两翅展开 2 米多长。普通百姓没有资格养这种上等海东青，即使捕到这种上品名鹰，也必须交给吉林打牲乌拉总管衙门。

海东青常见于海滨及江河附近的广大沼泽地。据《契丹国志》记载：“五国(黑龙江流域的五个部落)之东接大海出名鹰……”，海东青多单独生活，但幼鸟常伴亲鸟飞翔。栖息时，停落在岩石或地面上，有时长时间地站在乔木枝上。主食野兔、鼠类等中小型兽类，夏秋时节，常飞行在水面上空，向水内俯冲以搜索鱼虾；冬天捕食村里的小猫和小狗，并食腐尸肉。海东青是空中女王，高傲威严，它的食量很大，耐饱饿力较强，吃饱一次可 20 天不进食。

现在已经很难看到海东青了，即使在长白山腹部，也很难有这种眼福。我曾经试图寻找过，但都因时间较短，对海东青的了解甚少，分辨能力差，几次都没有得偿所愿。我现在对海东青的向往，完全不同于孩子时或年轻时的那种好奇。我则是觉得肃慎民族能把海东青作为最高图腾，而满族人坚决地继承了这种崇拜，绝不仅仅是作为勇猛的猎鹰，是因为它已经融入满族的文化之中了。金代一位诗人把海东青扑击天鹅的场面描写为“搏风玉爪凌霄汉，瞥日风毛堕雪霜”，表达了对海东青以小制大、坚毅勇猛的赞誉。

海东青

海东青捕鱼

考古工作者在兴凯湖附近发掘出骨雕鹰头，距今6000余年。在金上京古城东女真墓群中，发现了以海东青捕捉一只飞翔的天鹅为纹饰的鎏金铜带挎。另外，在我国现存的古乐谱中，有“海东青拿天鹅”的琵琶曲谱。民间儿童游戏中有“老鹞子叼小鸡”活动。在吉林敦化一带流传的《阿玛有只小角鹰》的歌谣：“拉特哈，大老鹰，阿玛有只小角鹰。白翅膀，飞得快，红眼睛，看得清。兔子见它不会跑，天鹅见它就发蒙。佐领见了睁大眼，管它叫作海东青。拴上绸子系上铃，吹吹打打送进京。皇上赏个黄马褂，阿玛要张大铁弓。铁弓铁箭射得远，再抓天鹅不用鹰。”这些都是满族民族精神的艺术体现。

从古肃慎到女真时期，有很多关于海东青脍炙人口的故事。论语中有一个“贡楛矢石砮”的故事。春秋战国时期，一只带箭的大鸟突然落入了陈国后宫的大院，宫廷上下一片迷茫，讨论再三，陈愍公还是决定请出博学的孔圣人来解开这个谜底。孔圣人不负厚望，对鸟和箭分别做出了权威的解释，并准确无误地指出：鸟名“海东青”，箭为“楛矢”，系肃慎人所造。当年周武王灭商之后，九夷百蛮纷纷来朝，北方的肃慎也将楛矢石砮作为朝贡的方物特产，献给武王。

因为一种鸟而使两个民族结下深仇大恨，最终导致一个帝国的灭亡，这听起来有点像天方夜谭，可是这样离奇的事情却实实在在地在中国北方的历史上发生了。辽国建立前，女真人与契丹人还比较和睦，可是自从契丹人建立辽国后，便开始对女真人进行盘剥，辽统治者每年都向女真人索要海东青。海东青这时已经很稀少，但契丹人依然催要，甚至还强征没有出阁的女子，最后连有夫之妇都不放过。契丹人的横征暴敛激起了女真人的愤恨，忍无可忍的女真首领完颜阿骨打趁机揭竿而起，前后仅用12年时间，就将辽国、北宋两个腐败透顶的封建王朝彻底推翻。

还有一个传说，就是金太祖完颜阿骨打的名字的来由。据说，完颜阿骨打的母亲怀胎十月即将临盆时，辽国元帅领兵杀来。完颜阿骨打的父亲劾里钵保护着妻子边战边退，他们退至乌拉山下，劾里钵肩头受伤，他的妻子在杂草上生下了一个胖小子。正在此时，漫山遍野的辽兵攻了上来，情况万分危急。突然，从天上飞来一只玉爪玉嘴的大白雕，围着刚刚出生的男婴飞来飞去，还不停地叫着："阿骨——打！阿骨——打！"

大白雕的叫声惊动了乌拉山的山神阿古，听到大白雕喊"阿骨——打"，以为是让他打辽兵，便大吼起来。吼声过后，大大小小的山头都听到了阿古的呼唤，纷纷打开山门，让山水冲下来。迅猛的山洪把辽兵冲得七零八落，死伤无数。后来，劾里钵为了报答大白雕和山神阿古的救命之恩，将自己的孩子取名为阿骨打，从此以后敬白雕为神。这种玉爪玉嘴的白雕就是叫白玉爪的海东青。

诗仙李白有诗写白鹰《观放白鹰二首》其一：

> 八月边风高，胡鹰白锦毛。
> 孤飞一片雪，百里见秋毫。

李白的诗非常形象地描绘了白鹰在空中猎物的姿容，只不过李白把东北的人称为胡人，把海东青也称为胡鹰了。

海东青是蓝天中的王者，在食物链的顶端。在如今海东青越来越少的天空，并未因此而众鸟繁盛，而是有些鸟类濒于灭绝的边缘。我仰望着寂静的天空，渴望出现那种迅疾孤傲的身影，想在你华美的羽毛上，梳理古肃慎人到渤海靺鞨人、到女真和满族人发展的纹路，从满族人奋勇抗争的血脉中寻找民族精神的力量。我跟随海东青飞越历史，走进肃慎人的最高图腾。

十一　神山布库里

是从什么时候把“帽儿山”叫作布库里山，我不得而知，我从小便叫它“帽儿山”。“帽儿山”在十八道沟村和牡丹江的北岸，像一顶圆圆的帽子。它给我的记忆是清晰的、温暖的，虽然相隔那么多年，我依然常思常新，就像昨天发生的故事。

我家住在红石村，在红石小学上学。在小学五年级的时候，学校五年级的师生要到王牛沟林场去劳动。我当时感冒很厉害，为了能接受农民阶级再教育，还能看望住在王牛沟林场的亲戚，我毫不犹豫地登上了前往王牛沟林场的客车。

在此之前，我去过王牛沟林场。王牛沟林场给我最深的印象是那里的蛤蟆特别多，春天的晚上，点着火把，穿着靴子，到野外去，耳朵是听取蛙声一片，手里是抓到蛤蟆一串。尤其是小雨霏霏，村里的大人小孩、姑娘小伙都出来抓蛤蟆，野地里灯笼火把连成一片，好一幅火把夜景啊！

这次去参加劳动，是上山割林带，就是把山上松树趟子里的杂树、青草都割掉，给松树留出生长的空间，还能接受阳光的沐浴，让松树宽松自由地生长。

这是很累的活，但我还能坚持。我在干活的时候，前面突然出现一条大蛇，把我吓得不敢动弹，直到它从容离去，我才舒缓了僵硬紧张的身体。让蛇吓得感冒就更严重了，我不得不在住处躺了两天。

等劳动结束时，我抽出时间，在亲戚的陪同下，登上了我早已渴望的“帽儿山”。

布库里山

缓缓的牡丹江上游把王牛沟林场和“帽儿山”轻轻隔开，让人们目视“帽儿山”的时候有了一定的距离，在雾气弥漫的清晨显得非常神秘。

那时不知道“帽儿山”就是布库里山，是原来就有这个名字，就像一个人的大名和小名一样，还是后来人们把这一顶历史的桂冠奉送给了它，我无从知晓，但我渴望了解这座神秘的山峰确实是真切的。

为了以后能入乡随俗，我们便提前把“帽儿山”叫作布库里山吧。布库里山离江源镇也很近，大约有 10 公里。江源镇原来叫马号，比现在的名字土些，赶上了全国改地名的潮流，江源镇就应运而生。原来的名字的确不雅，一个马帮经常落脚的地方，自然在历史的发展中所担当的角色已经不合时宜。

布库里山上树木参天、枝叶繁茂，属于阔叶林带。山中有一条小路，随山势时陡时缓。在半山腰是天然石级路，一步一蹬，步步升高，坡度都在四十五度以上。据当地人说，路旁就能采到山参，每年都出土几苗至几十苗的大山参，实乃灵秀之山。山路两边立着三块高十几米的大石块，这三块石英头部都很有特点，表面比较平展。

布库里山的山峰叫戴云峰，峰顶是个二三百平方米的平面，正中有一座红砖修筑的森林防火瞭望塔，防火期间塔中有人值班。登塔远望，群山皆在脚下，牡丹江水如一条飘然东去的玉带，点点村落，方方农田，片片水库，碧绿的群山横亘天边，视野开阔，景色秀丽，让人心旷神怡。

布库里山的山峰戴云峰海拔 863 米，面积 5 平方公里左右，山呈圆锥形，如一顶圆圆的帽子。从远处看，布库里山不是那么特别雄伟，但从我登山看到的实际大小来说，也很符合神话里的布库里山。至于山下的布库里湖，现在虽然没有，但不代表以前没有，有一条牡丹江缠绕而过，随时都能流出一个湖来。山上不像有湖的样子，是不是千年的风霜雪雨、落红枯叶把湖掩埋了也说不定，时间是能改变一切的。

布库里山孤峰独秀、植被繁茂，山上生长着多种山野菜及人参等珍贵药材。山顶云雾缭绕，景色优美，还有三天女在此生活过的美丽传说，使它增添了几分韵致。

布库里山每到夏季，山上绿树成荫，鸟儿在树间鸣啭。满山遍野的花草姹紫嫣红，点缀着绿毯似的峰峦谷坡，其间有野鸡、山雀繁衍生息，动植物和谐相处，很有一种古意，一种自然生态遍布其间。

我在山上寻找布库里雍顺的足迹，在清新的叶子下寻找三天女的气息，感受千年以来这山间植被的变化，想挖掘出不同流俗的天物。然而，绿野仙踪是很难发现了，但千年的故事却在我脑海里愈发清晰，直至成像播放。

佛库伦和两位姐姐洗完澡欲回天宫，但佛库伦却肚子疼，飞不起来。两位姐姐发现佛库伦的肚子一点点变大，恩古伦说，八成是因为吃了喜鹊送来的红果，让三妹怀孕有喜了。现在她这种状况是回不了天庭了，只能暂时留在人间，把孩子生下来后再回去了。正古伦说，既然三妹暂时回不了天庭，我们先给她找个安身之处，不能让她就这样露宿高山荒野呀！

对，说得有道理，走，咱们先给三妹找个能住的地方。恩古伦同正古伦带着三仙女向大山中走去。

但是，由于三仙女佛库伦肚子的疼痛感不仅没有缓解，反而越来越严重，只好坐在岩石上等二位姐姐找到地方再回来接她。过了一会儿，两位仙女急急回来说，三妹，前面山峰中有一个山洞，宽敞明亮，冬夏都可以住。两位仙女搀着佛库伦向山洞方向走去。

恩古伦和正古伦搀着三仙女进了山洞，并将山洞收拾干净，搭上床铺。正古伦将身上的弓箭给了佛库伦，三妹，你自己留在人间，山上狼虫虎豹多且凶险，这弓箭留着给你防身用。

恩古伦拉着佛库伦的手，眼中满是不舍，三妹，我们二人先回天庭，以免被玉帝发现。你自己留在人间，等肚子里的孩子生下来，我和正古伦就来接你。

可是这人间生活贫苦，恩古伦担心自己的妹妹受不了这苦，仔细叮嘱佛库伦一定要坚强，扛过这段时光。

二位姐姐，你们放心回去吧。不管这人间有多少苦，三妹我都能克服和战胜它，为了肚子里的孩子，我一定会坚强地活着。最后三位仙女依依不舍，洒泪而别。

佛库伦看着渐渐远去化为小点的两位姐姐，眼里情不自禁流出泪水，自言自语道，今日分别，不知我们姐妹何时能够相见啊！

默默在洞口站了一会儿，三仙女走回了山洞，忽然觉得腹中饥饿，身体也有些困倦。想着先休息一会儿，可又一想，自己可以忍耐饥饿，可肚中的孩子不能啊。便拿了二姐正古伦留下的弓箭，一可以防身，二可以猎取野兽。三仙女在山上转悠了半天，看见一些獐狍野鹿，搭起弓箭准备射，可弓怎么也拉不开，望着手中的弓箭，佛库伦心里觉得孤单和难过，眼里泛出泪光，最后她只好找了些野果充饥果腹。

奔波忙碌一天的三仙女筋疲力尽，回到山洞里倒头便睡着了。由于昨天身体劳累，这一觉睡得十分香甜，一觉醒来后已是中午了。醒来的佛库伦既饿又渴，低头看看隆起的肚子，忍不住伸手抚摸起来，为了你，我也坚持下去，什么苦我佛库伦都能熬过去。想到这，她走出山洞，到山下找水和食物。这深山老林根本无路可走，三仙女披荆斩棘艰难地往前走着，两只纤细白嫩的手都被树枝和草划破了，满手都是血口，不停地流着血。走得累了三仙女便找了棵树，倚坐下来，休息片刻后又继续向山下走

佛库伦和布库里雍顺

去。忽然隐隐听到潺潺的流水声，她循着水声走去，眼前出现一条奔腾涌动的江，她急忙向水源跑去，这条江，便是牡丹江。

佛库伦在人间受到了很多苦，学会了很多生存方法，她用正古伦留下的弓箭猎杀野兽，升起篝火，烧烤野味。困了就睡山洞，渴了便喝牡丹江水。秋去冬来，茫茫一片，佛库伦还要忍受寒冷之苦。等到春天来了，大地复苏，山间又是春风摇曳，山花烂漫。这时，三天女的孩子就降生了，佛库伦给他起名爱新觉罗・布库里雍顺。

布库里雍顺见风就长，很快长成一个魁梧俊美的男子。佛库伦把他的来历以及他需要去完成的使命告诉他之后便回天庭了。布库里雍顺一个人便在此山学习武艺和人间生活知识，之后便做一条柳筏子，沿牡丹江顺水而下，来到三姓之地，调解纷争。

我站在布库里山上，回想着这动人的传说，面对忽起的山风，仿佛一种飘飘欲仙的感觉。沿着布库里山山顶向西北、西南、东南三个方向分别延伸出三条山脊，山崖陡峭，石壁、石柱数丈之高，险中有奇，会让人感叹大自然的雄伟和神奇。

很多年没再去过布库里山，几次机会都是因时间的仓促而与它失之交臂。近年，我对布库里雍顺的故事更增兴趣，所以我觉得有必要进一步考证和探查。我相信，经过这么多年的沉淀和积累，再去布库里山一定会有所收获的。我期待着再一次与神山见面。

十二　历史的高地——清祖祠

敦化六鼎山常年沐浴在佛光清辉之中，北有牡丹江环绕而过，喧响着往事的清音；后面有渤海古墓群像历史的影子掩在苍松翠柏之中，又像是一段王国的后记。群山环抱着一池碧水，沉淀着冗长斑驳的岁月，古老的泥层下面酣睡着一个壮烈的民族。在这样的环境中建一座清祖祠，的确合适。

建一座清祖祠，让天南地北的满族人有个寻根祭祖的地方，一直是释佛性老法师的愿望。我记得长白山满族文化研究会成立后不久，在她的寮房她就对我说过，应大力宣传筹建清祖祠，让更多的满族人献一份绵薄之力，早日实现她心中多年的愿望。

航拍清祖祠

为什么要在敦化建清祖祠呢？这要从满清始祖布库里雍顺的来历说起。在很久以前长白山地区有座山，叫布库里山，在布库里山上有个湖叫布库里湖。有一天，天上的三位天女到凡间来，看到美丽的布库里湖，不禁为美丽的景色所吸引，于是在湖里沐浴，在三位天女沐浴的时候，有只喜鹊叼了一只红色的果子放在了三天女佛库伦的衣服上，等三位天女沐浴完毕上岸穿衣服的时候，看到了这只红色的果子。这只果子晶莹剔透，特别漂亮，三天女不忍心把它放在地上，就含在了嘴里，在穿衣服的过程中不慎吞落到肚子里，于是就怀有身孕，不久之后就生下了一个男孩子，这个孩子生下来就能说话，见风就长，一会儿就长成了伟岸的少年，三天女告诉孩子他的来历，布库里雍顺便乘木筏顺流而下，来到了现在敦化所在地，在这里平定了三姓之乱，建立了满族早期第一个政权，号称满洲，后世尊其为清始祖，他的名字是爱新觉罗·布库里雍顺。

既然布库里雍顺在敦化地区建立了满洲，成为满洲始祖，那么，敦化就顺理成章地成为满洲皇室的发祥地了。在这样一个发祥地上，如果没有一个寻根祭祖的地方，确实有些遗憾。六鼎山管委会在佛性法师筹集部分资金的情况下，克服了种种困难，硬是把清祖祠建设完工了。

清祖祠建在水库西侧，隔水相望，金鼎大佛就在眼前。在中华大地上按地理方位有五方五佛，东方灵山大佛、南方天坛大佛、西方乐山大佛、北方云冈

金鼎大佛

大佛以及中央龙门大佛，金鼎大佛位于东北亚地区，是世界最高的释迦牟尼青铜露天坐佛。金鼎大佛启建并圆满开光，填补了东北地区没有露天大佛像的空白，完善了中国六方六佛的佛教地理格局。大佛从莲花座算起一共高 48 米，表释迦牟尼农历四月初八诞辰日；其中，佛身高 38.4 米，“3” 表 “佛陀三身”，即法身、报身、应身；“8” 表佛陀 “八相成道”；“4” 表 “四圣谛”。莲花座高 9.6 米，“9” 表 “九法界”；“6” 表 “六度”；莲花 4 层，表 “四大”；莲花瓣 80 片，表佛陀 “八十种好”；莲花直径 32 米，表佛陀 “三十二相”。

金鼎大佛以下是般若天阶，般若在佛教中是智慧的意思，走过般若天阶，可以说是一条通往朝圣的路，通往智慧的路。般若天阶长 180 米，宽 40 米，共有 20 层平台，480 个小台阶，每层平台的墙壁上都雕有佛教典故，具体表现为六度中之布施、持戒、忍辱、精进、禅定（智慧以六般若柱形式表现），还雕有五方如来坐骑象、狮、金翅鸟、马、孔雀；佛教中象征吉祥的八种供器：法轮、法螺、宝伞、白盖、莲花、宝罐、金鱼、盘长。

从般若天阶往下鳞次栉比的殿宇熠熠生辉，黄色琉璃瓦给了我们至高无上的想象。隔湖看去，牌楼、法音广场近在眼前，湖东湖西两重天。面对此情此景，我写了这样一首诗：

情没寒山夜覆船，稀薄春色难成眠，遥听湖畔尼姑寺，催睡木鱼过岭南。

敦化金鼎大佛金阶

清祖祠占地5万平方米，由始祖庙、天女宫、列祖馆三大项目组成，并融汇了萨满文化，尤其是萨满祭祀等非物质文化遗产。项目全部建成后，清始祖祠将成为长白山满族历史文化与民间风俗展示中心，也将成为海内外满族人寻根祭祖的圣地和人文精神的家园。

面对着庄严静穆的清祖祠，我在内心感叹这一民族的顽强与不屈，它与东胡族在东北长期的争战中，有兴有灭，不断完善和演化自己，并取得了最后的胜利。靺鞨属于肃慎族，兴于唐代，被东胡族之契丹所灭。后来肃慎族之女真兴于宋代，灭辽建立金国，后又被东胡族之蒙古替代，建立了元朝，统一了中国。肃慎族之女真经过长时间的休养生息，在明末崛起于1616年，努尔哈赤统一女真诸部，史称后金。后来，1636年，皇太极改国号为清，并将民族名称改为满。

群山环抱，碧绿相拥。在通往清祖祠的甬道的左侧，在一块大石头上雕刻而成的《始祖赋》，是省内满洲研究专家王松林撰写的。《始祖赋》全文共72行，288个字，记录了清始祖布库里雍顺从降生到建立政权的丰功伟绩；右侧的是长白山山神祠，清朝历代皇帝都把长白山视为满族的发祥地、清朝兴旺的标志，因此将长白山尊为山神供奉，年年祭奠，而且仪式非常隆重。因去长白山朝拜，往返路途遥远，十分不便，故于雍正十一年开始设立望祭殿，每年春秋之季朝长白山方向遥拜。长白山恰好坐落于敦化清祖祠东南，是望祭长白山的最佳地理，故在此设立长白山望祭殿，每年举行隆重的祭奠仪式。

王松林《始祖赋》

在祭台中央，竖立着一尊三足青铜宝鼎，高9米，重7吨，鼎是权力的象征，祭祀的圣物，寓意保佑万民，鼎盛千秋。相传，投硬币并许下愿望，如果您投到最高处，便可步步高升；如果你投到底层，便可平步青云，怎样都好，心诚

敦化清祖祠

则灵。在祭台周围立有八尊石灯宝幢，象征着长寿、太平、吉祥；祭祀广场和龙兴广场之间立有两尊天鼋神兽，在这里守护着祖先的灵祀。天鼋是华夏族古老的图腾，是一种神异的龙，背有“河图”，知天地鬼神世间万物之兴衰，具有神秘先知的能力。黄帝在昆仑山遇神龙天鼋，名谓“白泽”，封其为守护神，是智慧力量和王权的象征。据说，用“河图”可以祈求幸福，抚摸龙角可以避邪消灾。

在龙兴广场上有两尊高 4 米的三仙鹅承露的雕塑，在满族的民间传说中三只天鹅是三位天女姐妹的化身，满族民俗称生母为“鹅娘”，就是以“天鹅为母”之意。

主祭大殿月台之上立有两根高 10 米、直径 0.8 米的朱果图腾柱，柱头为圆形象征朱果发祥始祖的传说；柱身由一排神鹊嘴衔朱果直上云霄，象征满族蒸蒸日上，祥瑞东升；柱身还雕有满族女神面具图腾，象征众神庇佑，盛世吉祥！

走在通往大殿的台阶上，我在想，这个民族的历史就像这一级级的台阶，先是肃慎，后来是渤海，都是始于敦化，兴于敦化，及至满清的崛起，将这个民族推向辉煌；这个满清的始祖，不也是始于敦化，兴于敦化吗？看起来，敦化是龙兴之地这个说法的确不假。另外，敦化山水毓秀，才人辈出，也说明了敦化是一个风水极佳之处。相传，在清初的时候，宁波一带出风水先生，他们来到敦化，看到这里有在不久的将来还要出帝王的瑞相，于是就用女人头上戴的簪子作法，把敦

朱果图腾柱

化北山画了一条沟，破了这里的风水。现在虽然这条沟还在，但已经慢慢被岁月填满，若干年后就会恢复，那时的敦化将又是一番什么样的景象呢？

始祖庙上悬挂的清祖祠牌匾是爱新觉罗·毓嶦题写的。大殿正中的是高 8.5 米的清始祖布库里雍顺坐像，英武威严，令人肃然起敬。围绕圣像依次排列着清 11 位皇帝的神像，再现大清帝国锐意开创、一统华夏的王者风采。在清始祖背后悬挂的是爱新觉罗宗谱，长 40 米，高 10 米，是满族天下第一谱，记录了从清始祖布库里雍顺到溥仪的完整支系。现在我们来看一下大殿墙壁上的大型壁画：《三仙女浴躬图》和《清始祖漂渡图》，说的就是三天女佛库伦吞朱果受孕生下布库里雍顺，布库里雍顺乘筏顺江而下，平定三姓之乱，成为满族始祖的故事。

清朝十一帝

映入眼帘的《大清开基盛世图》，长 32 米、高 4.2 米，以 6 幅历史画面为主线，用山林、烟雾巧妙间隔连接成故事长卷；整个画面主题丰富、构图严谨、场面宏大、衔接自然，是一幅难得的反映大清开基盛世的历史画卷。第一幅图再现了努尔哈赤以 13 副盔甲誓师起兵，创建了八旗制度；第二幅图表现的是明与后金争夺辽东的关键性一战——萨尔浒之战，这也是奠定大清后世基业的关键性一战；第三幅图展现了清军胜利进驻台湾的画面；第四幅图记录的是清军反击沙俄侵略，取得了民族自卫战争的伟大胜利；第五幅图描绘的是乾隆东巡时的画面；第六幅图是大清定鼎中原，入主紫禁城的胜景。

整个清祖祠最引人注目的自然是清朝的 11 位皇帝了。这 11 位皇帝从太祖努尔哈赤算起，到溥仪结束，中国的老百姓对这些皇帝大多是耳熟能详，尤其是康熙、雍正、乾隆三世，更是深入人心。与其他朝代相比，似乎清朝更能让人熟知和喜爱。究其原因，是满族人在语言生活习惯上更加接近大汉民族吗？不敢肯定；是清朝离现代比较近吗？也不敢认同；那么是清朝发生的故事多吗？更不敢相信。但无论怎样，大清给中国留下过无尽的屈辱和无上的辉煌，留下了太多太多的故事，以至于现在还影响着我们的国家、民族和百姓的生活。

历史是没有断点的，它就像奔腾的江水日夜不息，当有一天这条江彻底干涸，它就会以另一种形式存在于天地间，或流徙于冰雪，或转换成其他江河，就像有的民族在人类中消亡后，或以另一个民族出现一样。东北的肃慎族在历史上不断演化，最后成为今天的满族，而满族的根就在敦化，就在清祖祠，在这里可以寻根祭祖，可以追思溯源，可以俯瞰整个民族的发展，难道这里不是历史的高地吗？

十三　古国探秘

追忆过去，才知道走了多远；抚摸历史的疼痛，才懂文明的创伤。千年以前的延边大地孕育了延绵229年的海东盛国——渤海国，创造了璀璨的文明与文化，为自己争得了一份生的权利，在东北亚争得了一份荣誉和尊重。虽然这一切都陨落在熊熊的大火之中，但仍遮蔽不了渤海国文化灿烂的光芒！

渤海国（698—926）是由粟末靺鞨首领大祚荣建立的少数民族地方政权，崛起于唐初，覆灭于唐末，历229年，传15代王。

靺鞨族本是东北地区的一个古老民族，商纣时代叫肃慎，到隋朝时已形成为七大部落联盟和部落集团，即白山、粟末、拂涅、伯咄 、安车骨、号室与黑水部。有不少靺鞨人属于高丽的臣民，就是所谓的“附高丽”，在高丽灭亡后有些被强迁到营州；而有些“臣附”于唐和站在唐朝方面的靺鞨人，则在高丽灭亡后，或与唐分享胜利果实，或得到了封赏，势力进一步扩大。尤其是黑水靺鞨，在侧面牵制了高丽的有生力量，是唐的主要同盟军之一。

营州之乱

武则天统治后期，营州地区的契丹人势力很大，是辽西地区最强大的部族之一，其大首领窟哥被任命为都督主持本蕃。窟哥死后，唐廷任命其孙李尽忠为武卫大将军，任命与之有姻亲关系的孙万荣为归诚州史。但当时营州都督赵文翙骄横跋扈，刚愎自用，肆意侮辱契丹各众，把契丹酋长当作奴仆，任意欺凌。

在这种情况下，当地又出现大范围的饥荒，社会矛盾更加尖锐。赵文翙不能及时赈济和解决问题，终于致使李尽忠、孙万荣等人举兵反叛，自号无上可汗，李尽忠等举兵杀赵，一时间朝野震动。

史称“营州之乱”。

没有营州之乱，就不会有祚荣东奔，继而也不会有大祚荣的一番丰功伟业。

在历时一年多的“营州之乱”中，双方动员和调动的兵员多达六七十万以上，战况之激烈、伤亡之惨重，都创造了当地历史上的代前纪录。营州之乱，卷入了数以万计的契丹人、奚、室韦人、高丽遗民、靺鞨人和众多汉族人，而成千上万的靺鞨人恰恰是以此为契机而揭开了该族历史的新序幕。

大祚荣建国

当时，在高丽灭亡后迁到营州的“附高丽”者中主要是大祚荣一家所在的粟末靺鞨，营州之乱起，他们也是追随者。这些不安的民族时刻在等待上天赐给的机会，于是一窝蜂都乱了。

但毫无章法的叛乱是注定要失败的。

叛乱兵败后，乞乞仲象和乞乞比羽这两个靺鞨的头人，为逃避唐军的追杀率众东奔。武则天为了安抚靺鞨人，封乞乞比羽为许国公、乞乞仲象为震国公，赦其罪。然而乞乞比羽不受命，被契丹降将李楷固斩之，这时乞乞仲象也死了。大祚荣作为乞乞仲象的儿子，部落的责任历史地落到他的肩上。大祚荣引残部向东逃遁，在天门岭处，借助天门岭的地形，合高丽、靺鞨之众，大败唐军，李楷固脱身败还。

大祚荣率兵东进，在敦化东牟山解蹬下马，在忽汗河边，寻找到一个可以凭险自固的地方。

公元698年（唐圣历元年），突厥侵入唐朝妫州、檀州、定州、赵州等地（今河北中西部），契丹与奚又依附于突厥，于是中原通往东北的道路被阻隔，大祚荣审时度势，在今吉林省敦化市敖东城的东牟山建立靺鞨政权，以武则天封其父为震国公之“震国”作为国号，自称震国王。

大祚荣东牟山建国

为了平衡和牵制其他少数民族，当大祚荣刚刚打出震国旗号的时候，唐睿宗就派使节来册封他为郡王。

震国建国之初，强邻环伺，外部环境错综复杂，北边是依然保持“完疆”状态的黑水靺鞨，南边则是不久前统一朝鲜半岛大部的新罗国，西边是强大的后东突厥及其属部的契丹和室韦，西南方则是唐朝的安东都护府。只有东方，还有一些回旋余地，这未有归属的东方宁安城日后便成了渤海国的上京龙泉府。

对靺鞨国而言，最直接的危险是后东突厥政权。大祚荣则采取了向其表示臣服和“听命”，对新罗则采取结交通好的办法，对其他如黑水部落也进行了联络。通过一系列的对外举措，赢得了相对和平稳定的外部环境，从而赢得了经济发展所必需的时间。

渤海国对外往来

公元705年，唐中宗“遣侍御史张行岌往招慰之”，大祚荣应招，明确了与唐朝的隶属关系。

经过几十年的休养生息发展壮大，大祚荣在东牟山附近，牡丹江的冲积平原上，修建了一座城，这就是册封大祚荣的都督府。

公元 711 年，渤海国第一次派人到唐朝贡献方物。渤海不仅派人到唐朝贺正、朝贡，而且多次派遣学生赴唐学习，大力发展与唐朝的贸易。自高王始，到大钦茂时期朝唐 36 次，平均每年朝贡一次。朝贡物品有马、羊、熟铜、布、海豹皮、貂鼠皮、白兔皮、熊皮、虎皮、海东青、人参、牛黄、白蜜、麝香、松子、昆布、乾文鱼、金银佛像、玛瑙杯、紫瓷盆等。

侍子及随员们久居长安，“筑室京师”，与中原士大夫及各方面人士频繁接触，不断接受盛唐文明的熏陶和洗礼，耳濡目染之后，开阔了视野，吸收了大量文化营养。他们往来于渤海国与盛唐之间，既把饶有地方和民族特色的物产及音声、歌舞等艺术传入长安和内地；又把大量的经史子集、书法绘画、文房四宝及各类物品和歌舞艺术，也带回渤海国。渤海国与唐朝之间的经济文化的交流就是从此开始的。

公元738年至857年，即自渤海国第三代王大钦茂到第十一代王大彝震的百年时间里，渤海国与唐朝往来频繁，关系密切，进行了广泛的政治、经济、文化等方面的交流。

渤海国不仅与唐朝交往密切，同时也十分注重与日本的往来。

渤海国与日本的第一次正式交往是在大武艺仁安九年 (727)，渤海国第二代王大武艺，派宁远将军高仁、德周、高齐德等 24 人，出访日本。

大钦茂时期，杨太师出使日本。这一年是渤海国文王大兴二十二年（758），杨泰师随同辅国大将军、

大祚荣饮酒

行木底州刺史兼兵署少正、开国公杨承庆作为副使出使日本。这一时期，文王大钦茂实施仁政，国家呈现和平繁荣景象。过去，渤海国曾经先后派过5次使团出使日本，大多遭到冷遇。这次渤海国使团到达日本时，日本朝廷态度暧昧。

渤海国元和九年（814），僖王大言义在位。在僖王大言义登基执政前后，渤海国度过了一段非常时期，在短短9年的时间里，先后经历了定、僖、简三王的统治，各王在位时间都十分短促，渤海国政局动荡、发展滞缓。僖王大言义执政时间虽然仅5年，但十分重视与日本的交流，经常派遣使者前往日本。

元和九年秋，大言义派太守王孝廉等人访问日本。史料记载，王孝廉曾经到大唐长安留学多年，深谙中国传统文化，尤其对大唐诗赋多有研究，并工于诗，常与大唐诗人饮酒论诗，习文唱和。

王孝廉一行从渤海上京龙泉府出发至海边，然后乘船横渡日本海，在出云（今岛根县东部）登陆，十二月入京城。次年正月日本天皇设宴款待渤海使者。

由王孝廉为团长的渤海访问团在日本羁留将近一年。在这近一年中，日本政客对王孝廉一行人礼敬有加，文人骚客络绎来访。这与大钦茂时期，杨太师出使日本的情况截然不同。

王孝廉出使日本

渤海国以高度发达的封建文化著称于世，这是渤海国长期全盘吸收盛唐文化的结果。渤海国使者多是硕学之士，谙熟汉文，盛唐文化的修养很高。他们把盛唐文化带到了日本，加强了盛唐、渤海国及日本的联系，渤海国起到了中转纽带的作用。渤海国使者不仅传播了盛唐文化，还及时把唐朝的先进科学技术传入日本。渤海国第 27 次赴日大使李居正，还携带了佛教梵本神咒到过日本，对增进两国的友谊和交流，起到了不可估量的作用。

古国兴亡

渤海国与日本的交流，使渤海国的政治、经济、文化都有很大发展，提升了本国的实力。渤海国和大唐的互通往来，则加强了两者之间的政治、经济联系，使渤海国能在东北各民族当中独树一帜，进入封建社会的行列，成为与大唐并行的“海东盛国”。

史料记载，渤海国盛时“地方五千里”，设五京、十五府、六十二州、一百多个县，辖域包括今中国东北地区东部、朝鲜半岛的东北部和俄罗斯的南滨海地区。

五京包括上京龙泉府：今黑龙江省宁安市渤海镇；中京显德府：今吉林省和龙市西古城；东京龙原府：今吉林省珲春市八连城；西京鸭绿府：今吉林省临江市；南京南海府：今朝鲜咸镜南道北青郡。其中，上京龙泉府和东京龙原府为最大。

从五京的设置可以看出渤海国的辽阔和强盛，海东盛国名副其实。

上京龙泉府，曾是渤海国的京都，据记载也是当时亚洲的第二大都市。在1000多年前曾创造了“海

满洲生活

东盛国”的辉煌，繁育了发达的民族经济和绚丽的渤海国文化。

为了渤海国的强盛，渤海国的统治者曾四易都城。唐贞元元年（785），渤海国文王大钦茂迁都东京龙原府，主要原因是向海上发展，尽收渔盐之利。在这里政治、经济、文化都有很大发展，海上交通也相当发达。当时从珲春经盐州、摩口崴抵达日本的航道使中国与亚洲许多国家增强了经济、文化交流。

大钦茂把都城迁到八连城是因为往西北发展是不利的，西北气候寒冷，不利施展，且有强敌契丹虎视眈眈。大钦茂在旧国、中京、上京都经营过，实际的经验告诉他，只有往东发展，开发日本道，谋取渔盐之利，渤海国才能进一步发展，故而迁都八连城。

后来大钦茂死后，渤海统治阶层内部矛盾一度加剧，成王为了缓和内部斗争，又急急忙忙把都城迁回上京。上京地处渤海中心，有昔日作为都城的基础，容易被国人接受，又能缓和矛盾。

但渤海国后来的统治者都忘了大钦茂的经验，以至于到渤海末代王大諲譔时，渤海国已经是岁入寒秋，偏偏这个国王又是庸愚暗昧，疲命于宫廷相争，其敌手纷纷出逃高丽，渤海国一片混乱，可谓是众叛亲离，雪上加霜。

公元916年，辽太祖耶律阿保机在龙化州（今赤峰市敖汉旗东部）登基称帝，年号神册，国号契丹。随后阿保机两次领兵南下中原，均无功而返。他及时改变策略，决定先消除北方游牧部落和东北渤海国的威胁之后再率兵南下，攻占河东及河北地区。

公元925年底，对渤海国来说是一个灭亡的前夜。短短几个月间，大批高官显贵率众出逃高丽。

公元926年，阿保机出动几十万大军攻占了渤海国的西部重镇扶余城（今吉林农安），随后兵分两路翻越长白山，经过六昼夜的疾行到达渤海国京城。契丹铁骑将京城团团围住，城中的军队多次突围都没有成功。渤海国王大諲譔无奈之下率领几百名大臣投降。

阿保机将渤海改建为东丹国，将渤海京城改名为天福城，成为东丹国都，任命皇太子耶律倍为东丹王。东丹国仍然按渤海国制生存发展。但他死后，他的小儿子继承汗位，将渤海国的人民迁移东平郡。为使渤海人彻底断绝回乡和复仇的念头，契丹人决定火烧京城府邑，大火烧了半月有余，“帝王宫阙、公侯宅第，皆化为榛莽瓦砾”。

自此，渤海国覆灭。

存在了200多年的璀璨文明就这样烟消云散了，没有留下一点可供参考的文字，一切都在大火中完成了回归和涅槃。

十四　古驿路：历史的尾巴

（一）

乌云和密雨把天地缝合得非常彻底，没有留出一丝缝隙，光明被挡在雨外，声音和声音也被打断、隔绝，只有雨声把呼吸和语言包围在额穆赫索罗驿站西方荒郊野岭的一辆马车上。马车上有车篷，几个人挤在黑暗中避雨，等待太阳重新君临大地，等待光明的倾泻。

雨终于停了，停在一片清冷的月光之中，雨后的凄凉在月光下逶迤成一条瘦长的马路。吴兆骞卸去一路的风雨和辛苦，夜宿额穆赫索罗驿站。额穆的夜晚非常宁静，宁静得让人有些莫名的恐惧。吴兆骞辗转反侧不能成眠，他想起了家乡江苏吴江精致的山水，想起了这次让他刻骨铭心的所谓的科场舞弊案，惹怒了龙颜被遣戍宁古塔，最后在一片塔影中迷迷糊糊睡了一会儿。

第二天清晨，在押差的催促下，天刚放亮就出发了。望着天边的残月和在身后远去的驿站，吴兆骞感慨万端，草成一诗，《曷木逊逻晓发诗》："树杪月犹见，城头角已残，荒途分五国，归骑发三韩。野雾依山尽，春星落塞寒，鸣鞭及前侣，霜露满孤鞍。"

吴兆骞时为江南著名才子，因受了冤案被流徙戍边，心境自然是很沮丧的。因此对额穆驿站的景色，也就难免以凄楚的心态观之。可以想象，把一个江南才子和诗书风雅置放在一个没有一点文明迹象的荒蛮之地，就像马奈的《草地上的晚餐》中男女画面的格格不入。相对于江南来说，这里就是蛮夷之地，但从诗里还是反映出当时额穆的交通发达，旅行不断，北通“五国”，南连“三韩”的景况。吴兆骞在塞外20余年，后经好友顾贞观（与吴齐名的江南才子）设法营救，并以词代“书”，写下有名的《金缕曲》两阕寄给他，感泣了当时的文学家纳兰性德。后纳兰求其父明珠，吴兆骞才得赎归。

《金缕曲》原词如下：

（寄吴汉槎宁古塔，以词代书。丙辰冬，寓京师千佛寺，冰雪中作。）

季子平安否？便归来，平生万事，哪堪回首？行路悠悠谁慰藉？母老家贫子幼。记不起、从前杯酒。魑魅搏人应见惯，总输他、覆雨翻云手！冰与雪，周旋久。

泪痕莫滴牛衣透。数天涯、依然骨肉，几家能够？比似红颜多命薄，更不如今还有。只绝塞、苦寒难受。廿载包胥承一诺，盼乌头、马角终相救。置此札，君怀袖。

我亦飘零久，十年来，深恩负尽，死生师友。宿昔齐名非忝窃，试看杜陵消瘦。曾不减，夜郎僝僽。薄命长辞知己别，问人生，到此凄凉否？千万恨，为君剖。

兄生辛未我丁丑，共些时，冰霜摧折，早衰蒲柳。词赋从今须少作，留取心魂相守。但愿得，河清人寿。归日急翻行戍稿，把空名料理传身后。言不尽，观顿首。

这首词表达了作者对朋友远谪的深切关怀、同情和慰藉。上阕写对友人的问候、同情，下阕劝慰好友并写自己全力相救的赤诚之心。全词表现了朋友之间的真挚情感，在艺术手法上，通篇如话家常，婉转反复，心迹如见。

这就是吴兆骞，这就是古驿路。茫茫古驿路，殷殷边关情，我很久以来就想写一篇有关古驿路的文章，始终未敢下笔，主要是没有亲身体验和感悟，无法开篇。这次山东作家高维生来到敦化做田野调查，才给了我一个能现场观察的机会。

（二）

2013年夏初，我们在雁鸣湖的农民作家盖大姐的带领下，驱车来到了雁鸣湖镇西北处的塔拉站村。塔拉站是明清两朝吉林通往宁古塔驿路干线上的一个驿站，坐落在塔拉泡上游的沟谷中。这条沟谷呈西北东南走向，东西两面是高山，谷宽1.5公里许，东南9公里是塔拉泡。塔拉，有的文献称作“他拉”，系满语，都是一音之转。《额穆县志》载，塔拉为旷野之意。日本羽田亨的《满和词典》解释为野路的意思。《吉林通志》记载：“东路意气松，他拉二小站，未设笔帖式，归邻站笔帖式兼署。”关于站内人丁配置，也有详细记述：“小站壮丁十五名至十名”“大小站额设牛马亦如壮丁之数”。《吉林通志》载，“塔拉卫，明永乐五年（1407）置”，属于奴儿干都指挥使司统辖下的军事单位之一。到了清代时，塔拉站属于额穆赫索罗佐领辖区，它位于额穆赫索罗站东北方，相距40公里，此站虽然偏远荒寂，但都是驿路必经之地。

我从村西走到村东，没有一点驿站的痕迹，只有村东的一条细瘦的小河摇摇晃晃走过。我细看了一下村子，没有一户草房，都是近年新盖的砖瓦房，房龄最长也不会超过40年，这就注定这些房子和清朝是搭不上关系了，只有村东的那条小河，一定会在明清两代或更加久远的年代流淌，且水满草肥，一片蓊蓊郁郁之象。这条小河就是这一时期历史的见证，历史在时间的驿路上风干了，只剩下这条小小的河流，成为一条名副其实的历史的尾巴。后来，我又试图沿着吴兆骞的足迹从意气松走到额穆赫索罗，去寻求那种诗意的由来，但可惜的是，我无法找到他的那一份悲凉和凄楚，看到的都是一些忙碌的人群，为了生计忙乎着自己的事情。我努力地从内心去寻找冤屈背后的滋味，无奈心中怎么也生不起诗人的感受，这也许就是时过境迁吧。

在我加强感应试图与千年以前的吴兆骞心灵相通的时候，又有两个人的诗作跳出记忆，展现眼前。1888年，钦差大臣吴大澂，奉使赴珲春与俄使划订东部界限，经额穆住宿，赋有六韵七言古诗一首，描述了额穆大风雪的情景：

狂风似火卷地来，吹冻顽云拨不开，下罩千山同一被，满空飞絮搅成堆。天公玉戏巧难就，重阴密密谁相催，特遣封姨（即风神）作大磨，回旋鼓荡声如雷。须臾碾出白瓷粉，落花片片皆琼魂。老农拍手笑不止，顿令茅屋成瑶台。

第二天，吴大澂到凤凰店打了尖，与同僚夜宿塔拉站，得诗两首：其一，“行旌历尽厂东西，偶触吟情信笔题。风土犹存唐俗俭，几双乌拉一爬犁。”其二，“闲游人似打包僧，晓起餐风夜宿冰。只为萍踪漂泊惯，一生衣食寄行縢。”其中，第一首里的“厂东西”即今青沟子马厂附近，“乌拉”是一种鞋。第二首的“行縢”即“裹腿”。这首诗着眼细微，描述准确，一副山沟里猎人的装束立体般地呈现在我们面前。

吴大澂将军

康熙年间，浙江山阴（今绍兴）人杨宾，曾为父亲获罪遣戍宁古塔一事面觐康熙皇帝，终获赦免。为此，他亲自去柳条边迎父归来，也曾走此驿道，经张广才岭、额穆、塔拉站、尔站等地，写了一路的纪行诗。其中有《色齐窝集》（蛟河与敦化交界处）五言古诗一首。

纳木五十里，颇极登顿苦。色齐林更深，未入心已阻。豺狼逐我驰，山鸡向我舞。谷口咆熊罴，松根窜貂鼠。云横道不通，雾黑眼若瞽。幸有凿山人，乃见天一缕。架木度层岗，欲鞍籍茅土，才看日色暝，不觉夜已午。自卫凭野烧，畏惧不敢语，俄顷雪满衣，一一沾徒旅。冱寒手足僵，皲瘃从此数，釜鬲莫为炊，调饥腹中鼓。冻馁虽切虑，达曙力可努，但得脱窝集，鸟道吾所取。

这首诗开头说的纳木，指的就是张广才岭。这首诗详细记述了作者在张广才岭上的旅途中，看到豺狼奔驰、野鸡飞舞、黑熊吼叫、貂鼠蹿跳等景象，让人非常信实，后段写他在窝集口野宿，如何弄火自卫，担惊受怕。不一会儿，天又下起雪来，冻得手僵皴裂，做饭不成，饥寒难忍，只盼天亮，赶快脱离窝集困境的心情，这些生动的描述，使我们置身其中，感同身受。

（三）

我站在额穆赫索罗站的原址上，不禁有个疑问浮上心头，史料中都是同一种记载，这条古驿路是明清开始使用的。那么与大唐同期的渤海国又是怎么和唐朝上国交往的呢？难道他们还有别的路径可走吗？

我暂存疑问，继续我的田野调查。在额穆，我不由得又想到了吴兆骞，想到了和吴兆骞一起流放的人群。那是怎样的一种场面啊！八个案犯拖家带口，所带家眷数百人，在官兵的押解下，浩浩荡荡逶迤而来。在他们的头上始终悬浮着一层怨气，是忍受不了的极悲极苦的劳役。《清世祖实录》记载，涉及此案的主考官方犹、钱开宗以及其他十八位考官都定为死罪，妻子被贬为奴，家产籍没入官。方章钺、吴兆骞等八名举人及家眷数百人被流放宁古塔。年已六旬的方拱乾，受儿子方章钺的牵连，和已是学士的长子方孝标等兄弟四人一同被流放。据记载，因这次科场案被流放的人达到数百人，是清代历史上流放人数最多的一次。正是方章钺、吴兆骞等八名举人及家眷数百人被逐出山海关，经宁远，过辽河，流放到了东北牡丹江边的宁古塔，揭开了一部宁古塔的百年流放史。

清代流人从清初顺治时开始，其流放地开始是辽宁的尚阳堡，后来大都流放到黑龙江，包括宁古塔、卜奎（齐齐哈尔）、三姓（依兰）、瑷珲（黑河）及阿勒楚喀（阿城）。其中以宁古塔流放人最多，名人也最多，最为著名。

清代的宁古塔地域很广，属苦寒之地，又是抗击罗刹（沙俄）之前沿，从后金天命十年（1625）镶蓝旗人兴佳驻防宁古塔开始，这里的军政建制就随着时局的变化而变化，由于位置重要，清康熙元年（1662）清政府决定，改宁古塔昂帮章京为镇守宁古塔等处将军，康熙五年（1666）废旧城而迁入宁古塔新城（今宁安市），从此宁古塔新城突显其在东北边疆政治、军事和经济上的显赫位置。正因为如此，有许多流人包括流民都被流放或迁徙于此。宁古塔地域十分艰苦，从京城到这里要走上 3 ~ 4 个月的时间，冬天路更难行走，以至于后来清康熙帝东巡时，看到流人悲惨的处境时感叹道："流徙宁古塔、乌拉人犯，朕向者未悉其苦，今谒陵至彼，目击即知。此辈既无房屋栖身，又无资力耕种，复重困于差徭。况南人脆弱，来此寒苦之地，风气凛冽，必至颠踣沟壑，远离乡土，音信不通，殊为可悯。"（《镜泊湖畔历史文化名城——宁安》第 33 页）

那么为什么大清会如此看重宁古塔呢？我觉得东北是清王朝的"龙兴之地"，更重要的是，这里一直在清政权掌控中。把不放心的政治人物流放到一个放心的地方去，这也许是中国历代当权者普遍遵循的一个规则。而且其他的地域还没有完全稳定下来，南方没有完全控制，那更何谈西北了，所以主要的流放地就是到东北。而且鉴于当时的中俄关系，为防范沙俄的侵扰，让犯人们戍守边疆也是出于国防需要。

古驿路

康熙十五年（1676），由于边防的战略需要，以及康熙首创“感天佑而仰祖功”的望祭长白山神形成祖制，宁古塔将军衙门移驻吉林乌拉船厂，宁古塔—吉林乌拉驿路应运而生。康熙十六年（1677），命宁古塔梅勒章京萨布素开设宁古塔至吉林的驿站。乾隆时期，在宁古塔至吉林的驿道上又增置塔拉小站、伊克苏小站。至此，吉林乌拉—宁古塔驿路包括尼什哈（今龙潭山）、江密峰、额赫穆（天岗一带）、拉法、退抟、意气松、额穆赫索罗、塔拉、毕尔罕、沙兰、蓝旗沟至宁古塔驿站，驿路全长645里。而杨宾的《柳边纪略》对宁古塔—吉林乌拉驿路、驿站的考证似乎显得更为缜密，他把每一段路的路程都做了详细的考证。

（四）

在这里，我有一个大胆的揣测，清朝帝王为什么那么愿意流放江南文人呢？他们是不是有叵测的用心呢？你如果知道这些流人对东北所做的贡献，知道东北这样一个不毛之地何以在短短的一百年内就得到文化的全面提升、经济的高度发展这样一个结果，你就会和我一样，怀疑当初清朝皇帝的用意了。

在众多流人中，第一个被流放的文人是陈嘉猷，字敬尹，福建人。清顺治十一年（1654）因清廷推补他为浙江巡抚之职，他因替别人上疏斡旋官职，虽此事未成但被人向朝廷告密，事败露后被判流徙宁古塔。于第二年顺治十二年（1655）与妻子，携一女三子及三个仆人开始流放宁古塔。后来于康熙二十八年（1689），他曾对来宁古塔探望父亲的杨宾说：“我于顺治十二年流宁古塔，尚无汉人。”（杨宾《柳边纪略·卷三》）由此可见他是宁古塔第一个流放到这里的汉人。在流放到宁古塔的著名流人中，除了吴兆骞之外，还有张缙彦、杨越、方拱乾、吕留良后裔等。与其他流人相比，能够终老回乡已经是方拱乾、吴兆骞最好的归宿，而和他们一起流放宁古塔的其他人最终都留在了宁古塔。康熙十年，在经历了12年的流放生涯后，已经72岁的张缙彦也许看到了自己回归无望，在戍地宁古塔建了一个住所，命名为“外方庵”，并在这里写成《外方庵记》，然后“焚笔砚”，将所写诗文全部焚毁。这似乎就是一个告别仪式，为自己做的一个终结。次年，张缙彦死在了宁古塔新城牡丹江边的外方庵。康熙三十年，流放 32 年后，70 岁的杨越病逝于宁古塔。因为当时不允许罪犯死后归乡，为此，他的儿子杨宾在刑部衙门前跪哭恳求，两年后终于得到朝廷准许。随后，杨宾长途跋涉来到宁古塔，与母亲一起护送着杨越的棺木回到了故里浙江绍兴。

来自中原以及江南的流人们来到这里后，在一定程度上改变了这里萧条、荒芜的状况。流人们摒弃东北原始的耕作方式，把内地先进的耕种技术带到了这里，使粮食产量极大地提高，粮食品种也由原来的四五种增加至十余种。尤其在土地开发上最为显著，据不完全统计，至雍正初，宁古塔将军所辖可耕种的土地也达到了原来的十倍。明末最后一位兵部尚书张缙彦流放宁古塔后，将中原蔬菜、花卉种子及农业耕种方法也带到这里，被当地人尊为“域外群尊五谷神”。

我国历史上有史籍记载的最早遭到流放的人是夏桀。《尚书》记载，“成汤伐桀，放于南巢”。夏桀是夏王朝最后一位统治者，商汤打败他后，把他流放到南巢，就是今天的安徽巢县西南，一直到他死去。而我国历史上最具悲剧色彩的流放人物当属家喻户晓的屈原。他一生当中遭遇两次流放，最先被楚怀王流放到汉北一带，到顷襄王继位又将他放逐到了江南。这位在现实中清醒而刚直的人，不得不将一腔爱国之情化为泪，化为悲歌，最后自沉于汨罗江。

唐朝长安

人类在通过智慧创造世界的同时，也在通过创造和发明约束着自身。人类一直都在穷极想象力和创造力去发明各种刑罚，来惩处那些破坏人类秩序的人。这些刑罚主要是肉刑和死刑，为了摧残和消灭肉体，充分展示智慧，其“技艺”可谓是形形色色、花样翻新。如果说这类刑罚太过野蛮和血腥，那么，流放，就是人类发明的另类古老的刑罚。作为一种中国古代法律制度，它不大为专业重视，也不大为人们注意。

但是，流放却是对罪犯进行惩罚的一种文明的刑罚。这种刑罚就是通过将已定刑的人押解到荒僻或远离乡土的地方，以对案犯进行惩治，并以此维护社会和统治秩序。作为一种刑罚，它维系着罪犯的肉体和皇家的面子，起到了看似很轻实际很重的作用，死刑摧残的是人的肉体，流放摧残的是人的精神。其实，这只是一种表象，流放对人身体的摧残更残酷，更彻底。

流放刑罚在我国起源很早，并且沿用历史悠久，从远古流放之刑出现，到清末被废除，历经了几千年。这种在人类刑罚史中颇不受关注的刑罚，几千年来却备受我国历代统治阶级的青睐而久用不衰。从远古时期偶尔使用的“放”“逐”“迁”“谪”，一直到流入五刑后的“迁徙”“三流”“五军”“发遣”，名目时有调整，花样也不断翻新。几千年来，也不知道有多少人遭受了流放之刑，这些人或家破人亡，孤零出塞；或背井离乡，全家远戍。他们当中不乏罪有应得之辈，也有含冤受迫之人。吴兆骞，一个富足的江南才子流放到白雪皑皑的东北，但也给这片未开化的土地带来了文化的生气，历史以残酷的方式成全了东北。想起余秋雨写的一句话：“东北这块土地，为什么总是显得坦坦荡荡而不遮遮盖盖？为什么没有多少丰厚的历史却快速进入一个开化的状态？至少有一部分，来自流放者心底的那份高贵。”

（五）

在额穆流连了大半天，我们又驱车前往意气松。从意气松返回的时候，望着脚下新建的公路，我在想当年的驿路会是怎样一番样子呢？那一定是崎岖不平的山路和坑坑洼洼的马路。我回到额穆，查了一下资料，驿站的历史可谓悠久绵长。早在战国时期已有邮驿；汉代各地有传舍；唐代为驿田，水路设有水驿；宋代设邮铺、递铺；元代为驿传、站赤，还有急递铺；明代始为驿站，分有水驿、马驿和递运所。至于北方的古驿站则始于清代，它基本沿用明代驿站体制。我对这一段的解释很不以为然，如果北方的驿站开始于清朝，那么渤海国当年的经济、文化繁荣以及和唐朝的交往都是一种传说化作一缕青烟了吗？后来我又释然，其实说渤海也好，说清朝也罢，说的都是一回事，渤海是肃慎族后裔，之后发展成为女真，女真最后建立满清。渤海人没有完成的事业，满族人继续去完成。

有资料显示，从后金天命十年（1625）至康熙十六年（1677）50多年间，宁古塔与盛京（沈阳）的交通联系，靠宁古塔鹦哥关盛京驿路，此为宁古塔最早的西线驿路。之后的古驿路经过不断的沿革，已发展到能在最短的时间内到达边关的程度。在这些众多的增加路线中，有一条新路线承担着不可替代的作用，那就是从吉林出发路过敦化的终点是珲春的路线。这条路线开辟于光绪年间，当时由于沙皇俄国经常在图们江下游的珲春一带制造边境事端，为加强珲春防务，开辟了新的驿路。这条路是从吉林至宁古塔的额穆赫索罗站分支而成的，即由额穆赫索罗经通沟镇（今敦化市岗子）、黄土腰子（今大石头镇新立村西）、哈尔巴岭、瓮声砬子（明月镇）、铜佛寺、延吉、小盘岭（今磨盘山）、窟窿山（今珲春凉水一带）、密江至珲春。

古驿路

清光绪三十二年，中东铁路已全线运营，电话线路也开始架设。与铁路和电话相比，“驿地疲缓，文报稽迟”。闰四月，黑龙江巡抚程德全奏请皇帝："茂兴至黑龙江各站，俟俄约定后，妥定章程，仿照俄站办理其呼兰各台，酌量裁撤，各站站丁改归民籍，并设文报以代驿递。"清光绪三十四年八月，经东三省总督徐世昌奏请皇帝批准，裁撤驿站，改设文报局，站丁改归民籍。至此，北方的古驿站结束了自己的历史使命，全部还籍于民。但站人文化在北方大地还长久地延续和流传着。

在那还没有现代通信技术的状态下，正是这大小不一的驿站、长短不等的驿路连接了中央和边关的思路、血脉，是大清的生命线！细数着众多的站名，看着地图上一条条弯曲的驿路，觉得它们是那样古老，古老得竟无法考证它们建立的时间，和历史一同归隐。但它们又是那样年轻，它们的骨骼还在，还在和新生的事物一同前进。它既属于历史，又在现实中留有自己的一席之地，这难道不就是历史的尾巴吗？

十五　缄默的崔忻

阳光爬上他手中的节杖和肩头之后，沿着他右手所指的方向向西逐次擦亮，像一张巨大的黑幕从东方卷起，凸显出大唐的万里江山。他目光遥看的，一定是他看不到的长安。崔忻——一个大唐的使节，如今在敦化市的渤海广场上闪耀着汉白玉的光芒，沉默成一尊永不开口的雕像。

多次去过渤海广场，竟然对崔忻雕像没太注意。一次专门的拜谒，才让我对这段历史有了全新的感触和想象。崔忻，在渤海建国之初来宣谕唐朝皇帝诏

敦化渤海广场

书的使者，自然要比苏武风光得多。但苏武即使是牧羊仍然手持汉朝符节，这历史上最昂贵的牧鞭，没能展现汉王朝的威严，却在蛮夷之地的羊群身上把它易于挥舞的作用得到了良好的发挥。

崔忻出使渤海之前，正是契丹与突厥连年犯唐边境的时候，交通受阻，唐使无法成行。直到公元711年东突厥默啜可汗请唐和亲，向唐称臣，暂缓了边境的紧张局势，唐朝才利用这一时机，派遣使臣招慰册封大祚荣。大祚荣一面和突厥维持友好关系，一面接受唐朝的招慰与册封，这也是渤海国立国不久基础未稳的缘故吧。

敦化渤海广场崔忻雕像

渤海国的缘起说起来有些复杂。《旧唐书·靺鞨传》载：“靺鞨，盖肃慎之地，后魏谓之勿吉，在京师东北六千余里。东至于海，西接突厥，南界高丽，北邻室韦。其国凡为数十部，各有酋帅，或附于高丽或臣于突厥。”

到隋朝时，靺鞨与中原的关系进一步加强。那时的靺鞨与契丹为邻，“每相劫掠”，隋文帝曾劝说来使“宜各守境土，岂不安乐，何为辄相攻击”。可惜隋朝命短，不久就改朝换代。这时的靺鞨“各自有长，不相统一”，分为七部，其中粟末靺鞨、黑水靺鞨越来越强，最后形成两大部落的局面。两大部落一东一西，黑水靺鞨在黑龙江流域，粟末靺鞨在辽宁柳城（营州，今辽宁朝阳）一带活动。这时已经到了唐初。

靺鞨人的历史走到这一刻，已经深深地打上了中原文化的烙印。后世有人不无惋惜地推测：如果没有外来影响，土生土长的靺鞨人会随着时光的脚步，渐渐地走进文明社会的大门。中原文化就像黑土地上的野草一样，迅速地在渤海的土地上生根、疯长，毫无节制地蔓延下去。那又会是怎样一番景象呢？

然而，有很多然而是无法预知和改变的，历史并不是有一定的轨迹或有章可循。当时与靺鞨人为邻的是另一个古代民族高句丽，这是两个文化背景迥异的不同民族。靺鞨人当时不愿屈臣于鼎盛时期的高句丽，在隋朝时迁居到柳城（营州，今辽宁朝阳）一带。但粟末靺鞨仍有许多未迁走的居民，只能臣附于高句丽。到了唐朝时，这些粟末靺鞨人在高句丽的驱使下，在唐与高句丽的战争中充当兵卒。到了公元668年，高句丽终被唐朝所灭，这些粟末靺鞨人才被唐朝迁到营州。这时的营州一带，中原文化再度深入，当之无愧地成为东北地区的政治、经济和文化中心，是周围广大地区的人文之源。

公元696年，因唐朝的营州都督赵文翙压迫当地少数民族，契丹首领李尽忠联络其他首领，杀赵叛唐。居住在营州的粟末靺鞨人也一呼而起，随同反唐，营州大乱。契丹与粟末靺鞨等联合反唐，当朝女皇武则天派兵征讨。最后，大祚荣率靺鞨人来到牡丹江之滨的东牟山，树壁自固，建都称王，号震国。

如果靺鞨人在自我封闭、自我发展的道路上走下去，一定会迅速成为其他部族的盘中餐，可大祚荣看到了这一点，这说明大祚荣非比常人，注定要成为开国之君的，且会让自己的子孙繁衍下去。

大祚荣建立震国之后，看到西邻突厥势力的强大，为了对付唐王朝以巩固地方政权对突厥遣使修好。公元705年（唐中宗神龙元年、渤海高王八年）唐中宗复位，派遣侍御史张行岌出使渤海来到旧国（敖东城），探明震国对唐朝的态度，对大祚荣进行了招慰。大祚荣对唐朝表示了友好的态度并派遣儿子大门艺随同张行岌去了长安，唐朝留为宿卫。渤海王子大门艺在长安学习一段时间返回渤海时，唐朝著名诗人温庭筠作有一首《送渤海王子归国》诗，诗云：“疆理虽重海，车书本一家。盛勋归旧国，佳句在中华。定界分秋涨，开帆到曙霞。九门风月好，回首是天涯。”

崔忻就是在这样的历史环境下欣然出场的。公元713年（唐先天二年、渤海高王十六年）唐王朝派遣郎将崔忻（新旧《唐书》皆作欣），以摄鸿胪卿的身份，并以“敕持节宣劳靺鞨使”的名义前往震国的都城“旧国”（敖东城），宣谕在震国建忽汗州和册封大祚荣官爵的使命。当时渤海朝贡道有陆路和水路，陆路为营州路，经常受到战争的阻隔，而水路则畅通无阻，所以崔忻往返皆走水路。崔忻由长安出发，经陆路到达山东登州（今山东蓬莱县）乘船渡海至辽东。这样，他的来去就必须经过旅顺。崔忻，这个在历史上籍籍无名的小人物，却因后世的渤海族源和领土之争而名垂青史。

渤海入唐的鸭绿朝贡道水路可分为三段：渤海段、黄海段、鸭绿江段。崔忻一路意气风发，张帆竞渡，先是在山东登州出海，到达旅顺口，此为渤海段；又从旅顺口上船，经青泥浦（今大连）到达鸭绿江口；再从鸭绿江口逆流而上，至泊钓口（丹东市蒲石河口）；再经吉林省的集安到达渤海旧国——敖东城。崔忻作为一个文弱书生，深入蛮夷之地，其本身就是一个创举，又能彰显大国之风，完成使命，即使不在旅顺刻上自己的名字，也能史上留名。

崔忻出使渤海国

崔忻到达渤海后，顺利地完成了册封的任务，册封大祚荣为左骁卫员外大将军、渤海郡王，并在大祚荣管辖地区置忽汗州都督府，从此去靺鞨之号专称渤海，渤海成为隶属于唐的藩属国。这么重大而荣耀的使命一经完成，崔忻自然是浑身通泰，兴致极高。当他返回旅顺时，在黄金山下凿井刻石留念。

为什么要凿井呢？自然是取饮水思源之意。《易经》中说过“改邑不改井”“君子修德养民，有常不变，终始无改，养物不穷，莫过乎井”，孔颖达疏“井之为义汲养而不穷”。井之美德在于它能给养于人，而永远不可穷尽也，因此，崔忻凿井纪念，一来记录此次宣诏过程，二者也是为了颂其功德，以传久远。《辽东志》地理志载：“鸿胪井在旅顺口黄金山之麓，井上石刻‘有敕持节宣劳靺鞨使，鸿胪卿崔忻凿井两口永为记验。开元二年五月十八日造’。凡三十一字。” 而《沈故》中记载：“旅顺水师营中有石刻一，长约今一尺二寸，宽半之，字三行，其文曰：敕持节宣劳靺鞨使，鸿胪卿崔忻，井两口永为记验。开元二年五月十八日。”共29字，与原文字数相符。这样看来，有些典籍就不免有以讹传讹之嫌了。

由于此石其大如驼，很多文人墨客与军政长官都在唐代石刻下面题上自己的石刻，以传后世，还有些人以此石拓本馈赠于人。《雪桥诗话馀集》中载：“松岩将军福增格尝於旅顺搜得石刻云：敕持节宣劳靺鞨使鸿胪卿崔忻井两口永为记验。开元二年五月十八日。三行二十九字。以拓本贻钱坤一，坤一谢其惠。”诗云“井口铭贻是唐代，扇头迹赠皆明人”。

崔忻立碑于此本身就具有很高的文化含量和很大的政治意义，如今让这些贪图名声不朽之人再填佐证，其文化身价与日剧增，这就不可避免有些更大的贪慕者生起觊觎之心了。历史不会忘记1904年2月8日这一天的，东乡平八郎指挥的日本联合舰队突袭旅顺港引发日俄战争。让人不解的是两个国家的战争却在第三个国家的土地上进行，岂不是咄咄怪事？1905年1月2日，日军攻陷旅顺口并制造了震惊中外的旅顺口大屠杀，并设置所谓的旅顺镇守府。7月，日本外务省特派员、大阪朝日新闻社评论员、东洋史学家内藤虎次郎（内藤湖南）考察旅顺港的清朝文化遗产，日本海军秘密委托内藤虎次郎鉴定鸿胪井碑。内藤虎次郎等人撰写的《关于旅顺唐碑的调查》认为“此碑文于史有益”，催生了日本海军掠夺的动机。日本镇守府司令长官中将富冈定恭见此珍宝，立即下令将此刻石劫走，用船运往日本，藏于宫内省怀天府，至今尚未归还。日本人为了掩盖强盗行径，于1911年12月在水井的原址附近立了一块碑，碑的正面刻有“鸿胪卿之遗迹”，背面刻有碑文：“唐开元二年。鸿胪卿崔忻，奉朝命使北靺鞨过途旅顺，凿井两口以纪念。唐开元距今实一千三百有余年，余莅任于此地。亲考察崔公事绩，恐湮没遗迹，树石刻字以传后世尔云。明治四十四年十二月，海军 × 将从二位勋一等功四级男爵富冈定恭志。”富冈定恭对盗走石碑讳莫如深，只字不提，立一块水泥碑用含糊其辞的话代之。既做婊子，又立牌坊，富冈的行为做了恰如其分的诠释。

管理日本皇宫事务的宫内厅发言：“石碑已经列为日本的国家专有财产，摆放在皇宫内，并规定不准人们进入参观，不准公开，最多只能提供照片。”如果崔忻复生，对日本的野蛮行径不知作何感想？

渤海山河

悠悠岁月，渤海国一走就是229年，它崛起于唐初，覆灭于唐末，陪着辉煌的唐朝走过了200多年的辉煌，几乎就是唐朝的影子。渤海虽然是一个少数民族的藩属，但它的后人却闯进了关内，统一了中国，建立了大清。也许有些人对渤海国颇感陌生，或认为它是嗤鼻小国，其实它在鼎盛时期还是很强大的。尤其是渤海国第三代王大钦茂（738—793年在位）时期，百业兴旺，人民安定，大钦茂被唐朝册封为“王”，从此，渤海郡也就变为渤海国了。

崔忻的到来，奠定了渤海在历史中的地位。虽然崔忻再没来过，但渤海国依然在历史的长河里翻身、鱼跃，完成了它自己的航程；虽然崔忻再没来过，但我相信他一定会在有生之年默默注视着它的走向，并为它祈祷。

渤海国灭亡后，契丹人有计划地将渤海遗民强制迁移到辽宁一带，并将原地的城池文物付之一炬，使1300多年前的海东盛国文明默默无闻地湮灭于荒草黑土之中，留下了许多千古之谜。渤海国，昔日的海东盛国，就这样在熊熊烈火中完成了自己的丧葬形式，并写下了自己229年的宿命。竟日的大火，粗暴地焚毁了一切，没有留下任何文字记载和片言只语，只留下一段长长的空白和不尽的叹息。因为没有任何踪迹可以说明它的兴盛和衰微，所以这段空白才显得那样诡异，空白得不可思议，让人产生无尽的联想和猜测。然而，千百年过去了，人们仍然沉浸在连绵的火势之中，被炙烤得离渤海国越来越远，空遗茫然的怀疑和追问。

繁华过尽，曲终人散。渤海国匆匆地来，匆匆地走，就像一阵轻烟，一片浮尘。

我站在敦化市渤海广场崔忻的汉白玉的雕像前，从他那飞扬的手势、望向远方的目光以及刚毅的神色，看不出他对逝去的古国有任何嘉许和满意，他还是那个手势，右手指向大唐的方向，那是让渤海回归的方向啊！

深沉的崔忻一言不发，是在表达对渤海后人的期待或不满吗？

敦化渤海广场东牟山微缩建筑

十六　飘在摇篮上的歌谣

在长白山地区，有几种文化互相渗透、影响，形成了一种新的文化结构。这几种文化就是渤海文化、满洲文化、朝鲜族文化、抗联文化和佛教文化。佛教文化既是一种古老的文化，又是一种新加入的文化，此种现象以敦化较为明显。

我生在东牟山下，对它因为熟悉而熟视无睹，经常在它身边来来去去，竟然不知道它就是大祚荣解蹬下马、树壁自固的地方。那是渤海国 229 年历史的开端，是肃慎人走向辉煌的起点。我从小生长的环境，自以为是从山东带来的大汉民族固有的习俗，等我长大以后，才知道汉文化经过长途颠簸和时间的磨砺已经面貌全非，早已入乡随俗了，因为有些习惯必须因环境的改变而改变。

就比方说我住的茅草房，房顶上铺的是这个地区生长的羊草，它能让雨水通畅地流下来。我住的南北炕，在冬天温暖如春；用树桶子做的烟筒，要比泥做的坚固、方便、别具一格。还有窗户纸，要糊在窗子外面，挡住寒风和雨雪的侵入；坐在炕上，装上一锅烟袋，通过长长的烟杆吞吐着轻松与惬意……还有飘飘荡荡的小悠车，里面睡着我的童年和梦境……

小悠车，悠得高，
宝宝宝宝快睡觉，
小宝睡，盖花被，

小宝哭，打花鼓，
狼来了，虎来了，
小猴跳过墙来了，
老和尚背着鼓来了，
嘭嘭嘭全都吓跑了。

关东三大怪：窗户纸糊在外，大姑娘叼烟袋，养活孩子吊起来。吊起来的孩子，要伴随着摇篮曲入眠的。满族的摇车具有与其他民族不同的特点，形成于原始渔猎经济时期，但在满族转为安定生活进行农业生产以后，成为每个家庭必不可少的育婴工具。使用摇车主要是因为满族女人和男人一样，常年活动在深山，或狩猎，或开荒，不能总在家里看护孩子。山里野兽多，婴儿随时都有被野兽侵害的危险。为了避免孩子遭受侵害，他们就用桦树皮编成摇车，用藤条编成网，将孩子吊在树枝上，这就是最早的摇车。

关于摇车，还流传着这样一个故事：有一位母亲，前后生了九个孩子，第一个放在石板上，被野兽给吃掉了；第二个放在土堆上，被蛇给咬死了；第三个放在高山上，被大风给刮走了；第四个背在身上去狩猎，被颠簸折磨死了……吸取死去八个孩子的教训，才想到这样一个安全的方法。

有了摇车，就会有催眠曲，催眠曲有很多，最为大家熟知的有10多首，其中，大家喜欢的有：

小宝小宝快睡觉，
风不吹，树不摇，
狗不咬，鸡不叫，
蓝蓝天上白云飘。
窗外一片静悄悄，
悠悠宝宝睡着了。

这是比较短的，也容易被人们所熟记，有些是因为调子的不同，会让人有不同的喜好：

悠呀悠，悠呀悠，
小小悠车像龙舟，
讷悠娇儿舟上睡，
如同驾云游九州。
梦见花，看见草，
遇上一个大马猴，
吓得娇儿睁开眼，
讷讷笑着摇彩球。

随着时间的推移，满族先民又根据东北物产的实际情况，编织出既轻巧又美观的柳条摇车。它的制作方法是：将 5 月份的柳树条割下，放在水里泡约一周后取出，将皮剥去，用白光光的柳条棍编织出精美得像艺术品一样的摇车。有首民歌是这样形容编织过程的：

柳条枝扒去皮儿
编个笸篮悠宝贝儿，
悠到东，悠到西，
悠得宝贝笑吟吟。

这两种摇车延用至今，满族、汉族和其他兄弟民族的生活还留有它的影响。如今那些商家根据祖传的桦树皮和藤条吊在树枝上的摇车原理，制作出一些绳制品和绳布制品的摇车，为人们出行旅游提供了很大的方便。人们随便找两棵树空往上挂起来，躺在里边休息非常舒服。一首民歌是这样唱的：

树空吊上绳悠车，
躺在里边哼着歌。
虫儿急得上不去，
火红太阳晒不着。
悠悠荡荡睡着了，
你说快活不快活。

摇车随着东北历史走到今天，不断更新，而民众的口头民谣也在内容上有了新的变化，在传承过程中赋予了时代的色彩。

在长白山地区，由于抗联的英勇杀敌，留下很多打击日寇的故事，也留下很多抗联的摇篮民谣：

小摇车，荡轻风，
宝宝睡觉笑盈盈，
爷爷当年当抗联，
打过侵略日本兵，
日本兵，像妖精，
万人坑里杀百姓，
宝宝出征骑大马，
报仇雪恨当英雄。

小摇车，两头翘，
奶奶悠车眯眯笑，
小宝莫哭也别闹，
快快闭眼睡大觉，
爸去抗联送情报，
回来给你买花炮。

小摇车，像条船，
宝宝悠车过江南，
去时装着劈烧柴，
回给抗联运子弹，
保甲问咱干啥去，
咱说给太君送咸盐。

小摇车，能勾魂，
勾住一群遭殃军，

满族吊床

遭殃军，黑了心，
勾结日寇害黎民，
宝宝长大扛起枪，
赶走豺狼打日本。

小摇车，两头跑，
我领宝宝打水漂，
先打一个莲花转，
再打一串糖梨糕。
宝宝吃梨劲头大，
竹签穿透鬼子腰。

不同时期有不同时期的民谣，通过民谣简单的词语，你就会感受到当地的民风民俗，感知那个年代。但无论什么时期，民谣里面的满族元素都非常鲜明。尤其满族人入关之后，社会趋于稳定，农耕人群越来越多，很多摇篮曲便流传起来。

月儿圆，月儿大，
月儿已在树上挂。
小妞妞，别哭了，
额娘领你找阿玛。
船儿摇，别害怕，
长大嫁给渔老大。
鱼皮鞋，鱼皮袜，
鱼裙鱼袄鱼马褂。
夜明珠，当油灯，
又省油来屋又明。
不怕雨，不怕风，
黑夜织网看得清。
蛤蜊壳，当水瓢，

不怕湿来不怕潮。
又美丽，又轻巧，
做饭淘米轻轻摇。
海螺罐，做水缸，
能装米来能盛糠。
冬天短，夏天长，
一年四季鱼当粮。

到了近代，每个国家都有摇篮曲，摇篮曲几乎成了世界通用曲目，成了地球之歌。然而，对于我来说，我最早接触的最喜爱的摇篮曲，基本没有了满族元素，代之是山东移民的话语，还有刚刚解放的人们的情感。

月儿明，
风儿静，
树影儿遮窗棂啊。
蛐蛐儿，叫声声，
好像那琴弦儿声。
琴声儿轻，
声调儿动听，
摇篮轻摆动啊。
娘的宝宝，
闭上眼睛，
睡了那个睡在梦中。
报时钟，
响叮咚，
夜深人儿静啊。
小宝宝快长大，
为祖国立大功啊。
月儿那个明，

满族摇车

风儿那个静，
摇篮轻摆动啊。
娘的宝宝，
睡在梦中，
微微露了笑容。

这首摇篮曲几乎人人会唱，流传甚广，我先听妈妈唱过，后来自己唱过，接着听别人唱过。摇篮曲，也称“悠悠调”。在满族中流传最广，几乎每个满族孩子都是在这种悠扬、平稳的曲调中成长起来的。满族民歌是满族人社会生产活动的产物，在舒缓的曲调中，可以发现满族历史一步一步走来的足迹；从文化艺术的角度看，这些民歌充满了生命的活力，反映了满族人民的生产、生活和风土人情，表达了满族人民对美好生活的追求和向往，有着浓郁的民族气息与地方特色。

我的童年在摇篮里长大，生命在悠扬中起伏，那些熟知的摇篮曲随着我年龄的增长，留在我的记忆里，并沉淀成一种深厚的文化教养。回荡在摇车上的摇篮曲，这童年里吸收的文化营养，它会成为一颗弱小的种子，在我的内心生长、发芽，最后枝繁叶茂。

我感恩我的母亲，感恩那亲切温暖的摇篮曲。

十七　牡丹江：靺鞨民族的荣辱兴衰

历史是绵延不绝的。它没有断点，是不可分割的，就像我脚下的渤海废墟，它既是肃慎族的终点，又是女真和满族人的起点。它承载着那么多的光荣与梦想，在东北亚悄然鹊起，完成了一个民族和一个时代的辉煌之后，又在牡丹江流域奇异地陨落了。

我生在东牟山的脚下，从来没有把东牟山和一个盛国联系起来，甚至从小到大都不曾听说过渤海国，怎么会想到，一个王国的国都就是我每天来来去去的地方呢？我开始思索，历史已经走到了21世纪，我该怎样描绘一个千年以前的王国呢？又怎样叙述那一个时代呢？

长白山下忽汗河

渤海国的兴亡仿佛是一夜之间的事，一夜之间就成为海东盛国，而其灭亡也是出人意料地迅速，令人不可思议。渤海国是由粟末靺鞨首领大祚荣建立的少数民族地方政权，号称海东盛国。自此，渤海国作为唐朝的藩国开始出现在历史的视线之内。

我是喝牡丹江水长大的，它的甘甜和清冽常年滋养我的身体，然而我对它的流程和发源以及它的成长并不十分了解，虽近在咫尺，却像远在天涯，觉得它是必然的存在。一次偶然的机会，才让我揭开它那神秘的面纱，才让我知道这翻翻滚滚的下面蕴藏着许多不为人知的故事。

牡丹江的源头是在牡丹峰北麓，庙岭附近，南麓则是著名的松花江发源地。牡丹江在渤海时期称忽汗河，金代称呼里改江（一作骨乌里改江），元代称忽尔哈河，明代称胡里改江等，这些名字大都为音似字异，均为满语“湾曲”的意思（另一种解释为“响水”）。牡丹江河流蜿蜒曲折，流淌于老爷岭的群山之中，故名为牡丹江，含有弯曲的江水之意。

贡酒赐名忽汗河

牡丹峰的涓涓溪流顺山势而下，在树丛中悄悄长大，虽然它们身上还有一些原始，甚至有些腼腆，有些刚见世面的蹑手蹑脚，但它们是那样清澈透明，没有一丝杂质，只散发着花草的清香和大山的淳厚，在山脚下相拥相抱，汇聚成一种力量，然后毅然决然地冲出山谷，奔向东方。

牡丹江是松花江中游的最大支流，流经吉林省敦化市的大部地区，然后在依兰县附近注入松花江，全程 200 公里，河水清澈，资源丰富，如简约的处子，未开垦的黑土地。

翰章乡有两条河，一叫小石河，二叫大石河，发源地三股流非常有名。顾名思义，是由三条溪水汇合而成，因其自然景观非常适合游人来访，所以近些年声名远播，每逢节假日敦化市或有外市县的人也来光顾一番，领略原始自然的独特风貌。这条小石河经由敦化市北山然后汇入牡丹江。而大石河则取道红石乡，在大冈村汇入牡丹江。

牡丹江的支流还有一条河叫珠儿多河，发源于额穆与五常交界的老白山。珠儿多河像一位亭亭的少女在深山中赤脚而出，然后几经周折，在官地附近走进牡丹江。牡丹江在敦化境内兼收并蓄形成规模后，一路高歌，奔向镜泊湖。牡丹江曲曲折折，奔腾而下，有如东北倔强的汉子，有时清澈委婉；又像江南温柔的女子，留下一路倩影和分明的四季。春天，冰雪消融，冰排浩浩荡荡，大地上的污泥浊水也被排泄一空，把大地滋润得柳绿花红，也把盛夏惹得急如星火地赶来；秋天的江水最清，沙砾游鱼清晰可见；冬天，牡丹江舞起白色的银蛇，蜿蜒在敖东的土地上。

牡丹江流域是我国满族发祥地之一。早在商周时期，满族的祖先就在这一带繁衍生息，其中相当一部分满族人是这块土地上的土著居民。古时的牡丹江两岸，森林茂密，古树参天，进入山林之中可见兽群奔跑，可听虎啸狼嗥。因水源充沛，这一带江河密布，水深流急。江河湖水流经茂密的森林时又带来大量有机物和浮游生物，因此这一带的水质含氧充足，水质纯净，酸碱度适宜，非常适合各种鱼类的生长。古时，这里不但盛产被称为“东珠”的珍珠，而且以鱼多、鱼大、味道鲜美而闻名于世。牡丹江一带的鱼类素有“三花、五罗、

牡丹江

七十二杂鱼”之称。很早有民谣“棒打獐子瓢舀鱼，野鸡飞到饭锅里”，可见鱼类繁多。

满族人最早在牡丹江一带主要过的是狩猎的生活。满族新婚家庭的大门上常安上一支箭头向外的弓箭，寓意：一射天灾，二射人祸，三射妖魔。我们常在一些反映清朝的电影中看到文武大臣的衣服袖子形似马蹄，人们称为“马蹄袖”，这袖子就是由猎人冬天狩猎时用来护手御寒演变而来的。

从满族人上溯到公元698年，大祚荣在东牟山建立震国，后来的渤海国在这里先立都于牡丹江之头，后迁都至牡丹江之尾。江之头即敖东古城，即现今之敦化。江之尾即上京龙泉府，即今之宁安东京城。谁也不知道渤海国的王公贵臣为何如此青睐这条江流。站在江涛依旧的牡丹江边，要想翻检一下1000多年前的那段历史，除了那几座坟茔，只有那凄凄的荒草，渤海国的一切都被无情的屠城烈火焚烧殆尽，被江水涤洗得荡然无存了。当初大祚荣在东牟山树壁自固、建都称王，看重的就是东牟山天然的屏障和水源充沛的牡丹江。渤海王朝建立之初，是先以东牟山为根据地，后来经过十几年的休养生息，发展壮大，又在东牟山附近，牡丹江的冲积平原上，修建了一座城，也就是册封大祚荣为渤海郡王的所在。

渔猎生活

正是牡丹江的滋养，牡丹江流域便诞生了这样一个文明的王朝，并有自己闪光的历程，渤海国在牡丹江流域创造了辉煌的历史，并一代代地繁衍了

229 年。如今，牡丹江畔已沉寂千年，当年的兵戈铁马、烽火连营早已随江水流进了大海，流入了记忆的里层。

我的心灵在历史的废墟上旅行，前进的马蹄踢踏在黝黑的疆土，坚实的城堡围住了一种力量，绵延的边墙像一条长龙舞蹈在崇山峻岭，长安版的上京仍在执着谢幕前的繁华……靺鞨人的海东盛国，它与灿烂的大唐血脉相连。

站在这牡丹江的源头，我不禁浮想联翩，这清澈至极的溪水，是从山坳中点滴聚起，然后成溪成河，最后成为滔滔的江水，它带着大山里原始、古典、芬芳的气息，一路向东。这条不知成于何年的牡丹江是否就是满清始祖曳筏而下的那条江呢？它给两岸以勇敢、纯洁和生命；它养育了数不清的山林、田野、庄稼和人民；它教给我们勤劳和质朴，送给我们明快和温馨，它就是我们敖东的母亲河。

牡丹江

十八　六顶山揽胜

这些年来，由于敦化正觉寺的落成使它的驻地六顶山名声大噪，作为本乡本土的我，竟懒惰得无缘一窥全貌，只蜻蜓点水般地充当了几次匆匆过客。这次借“有朋自远方来”的机会，着实大饱眼福。

顾名思义，六顶山即连接在一起的六座山峰而形成的山。远望，六座山峰轮廓清晰可辨，错落有致，聚首六顶。时值6月，在悠远的南天底下形成的一抹青黛，非常容易让人产生曲径通幽、冷僻险峻、峰峦叠障的感觉，也会让人对那片神秘的地域心向往之。大路已在脚下展开，我感觉六顶山是那样近，也是那样远。

哪知绕过山梁，六顶山所有景色一览眼底，既没有苍松翠柏迎客于前，也不见奇石异洞吸引于后，只是开阔的一片，若有通幽之处，只能寄厚望于东山那一片隐约的巨檐翘脊了。

登上山坡，放眼的是一片耀眼的水色，在和煦的微风吹拂下，泛着银白的涟漪。环山抱水，山水交融，几只机帆船穿梭于水面，甩过阵阵浪花和嬉笑，让我一下便读懂阳光的情怀已融入这多情的山水，给前来游玩的人们以热烈的激情和明快的心境。原来这是一座水库，六顶山就是横亘水道的屏障。

山口往西是渤海古墓群，其中有著名的贞惠公主墓，坐落在翠绿环绕之中。公元713年，唐天子册封大祚荣为骁卫大将军渤海郡王，忽汗都督府都督，从此“去靺鞨号，专称渤海”。透过墓志铭凝重的笔迹，我看到封疆裂土的硝烟和苍凉勾勒的历史，刀光剑影的洗礼预兆一个民族的复兴，看墓桩和满山苍翠依然悼忆历史的浑厚沧桑……

正觉寺远景

自从大祚荣在东牟山解蹬下马，这古老的土地便有了生气和归属，毫无异议地与靺鞨人一同进入震国时代。大祚荣在东牟山凭险据守，树壁自固，一座旧国都城傲然而立。在东牟山的东面牡丹江对岸，是江东乡永胜村，在村北1公里的农田里，有一处面积较大的渤海早期遗址，它默默地坐落在牡丹江开阔的冲积平原上，若不仔细探查，不可能发现它的存在。遗址面临牡丹江，江水由南向北缓缓流过。东面是低矮的山丘，一条森林铁路穿过那里。牡丹江的支流大石河，在遗址西岸由西向东汇入牡丹江。遗址正面5公里处，是城山子山城，与遗址遥遥相对，相互呼应。遗址北偏东，就是六顶山古墓群。

永胜遗址与东牟山很近，面积很大，南北长1000多米，东西宽700多米，是敦化境内最大的渤海遗址。我猜测，是不是大祚荣带领靺鞨部落到东牟山后，在东牟山驻军，在永胜遗址住民呢？后来，大祚荣又来到敦化市内建立了敖东城，作为旧国的国都。

不过，靺鞨人又怎么把墓地选在六顶山了呢？

六顶山的西峰比之东峰树木密集挺拔，松树较多，是不是后人栽的，无处考证。这个古墓群很久以前就被当地人发现，在日伪时期被掘盗过。1949 年 8 月，敦化县敵东中学以勤工俭学的名义，破坏性地挖掘了一墓区部分墓葬，发现了贞惠公主墓。于是国内的考古学界和渤海国的研究者及省内几所院校人员云集敦化，对六顶山古墓群进行了挖掘、清理和修复。通过挖掘发现古墓群包括两个墓区，共有大小石室墓、石棺墓 80 余座，均为玄武岩逐层叠砌或以不规则的块石堆砌而成，呈方形或长方形。一般墓室前部有甬道和墓道，墓门向南，墓上有封土。重点墓葬的封土中，杂有板瓦、筒瓦、瓦当等建筑材料。依文献记载，靺鞨人有塚上作屋之俗，这墓上的瓦当，应该是墓上屋顶状构筑物所用之瓦。

这些墓葬中，以贞惠公主墓最为著名。贞惠公主是渤海第三代王大钦茂的次女，死于公元 777 年，公元 780 年葬于六顶山。在贞惠公主墓中，出土了一批珍贵文物，其中有墓志碑一方、石狮雄雌各一尊、镏金圆帽铜钉等。

根据六顶山古墓群出土的文物，可以看出渤海与唐朝中原的密切关系。证明了渤海使用汉字，习识中原文化，汉文学造诣很深。墓碑的文体，是唐代流行的骈体文，辞藻华丽，书体工整，挺拔清秀，一派唐风。

在水库的南侧，有一石碑，上写天女浴躬处。传说是爱新觉罗·布库里雍顺生母佛库伦沐浴感朱果而孕的地方。相传天帝有三个女儿，长女恩古伦，次女正古伦，三女佛库伦，聪慧美丽以老三为最。一日，三姐妹在长白山下布库里池中沐浴，一只喜鹊衔朱果飞至，将朱果放到三天女的衣服上，三天女误吞朱果，感孕而生一男，取名布库里雍顺。后布库里雍顺长大，顺河而下，平息三姓之乱，成为满洲始祖。《鸡林旧闻录》载：1913 年，敦化县长耿翼在敦化立“天女浴躬处”石碑一块。风雨 80 余载，原石碑难寻，为纪念这美丽传说，于 1992 年立此碑。

因此碑立在六顶山水库之滨，吸引不少游客流连于此。近山，峰峦叠翠，湖面碧水连天，湖光山色，相映成趣。近年，市政府意欲加大投资，以“天女浴躬处”为主线，建造一个环湖文化长廊，将敦化有史以来的文化艺术，全部纳入其中，打造一个以满族文化为重点，周边辐射整个东北的文化景观。

从刚进山的山口往东是一条东西走向的混凝土大坝。坝上有平整的水泥路面，两边镂石栏杆，感觉就是一座石桥，石桥中间，有两条斜向水面的石阶甬道与两座凉亭连就，凉亭里稀疏地坐着游客，手拿扇子，正驱赶着淡淡的暑热。

过了石坝，再拐个弯，就到了正觉寺的牌楼下。牌楼雕梁画柱，阔大巍峨，虽是近年新建，却隐隐藏着森森的古意。牌楼上八个大字“佛国新胜，峦波生辉”为北大副校长季羡林亲书，笔迹遒劲有力，酣畅淋漓。

拾阶而上，便到了正觉寺的山门了。门对面一硕大影壁，人大的金字“南无阿弥陀佛”煞是醒目，让人未进寺院，便有些淡淡的禅意。与朋友一起购票入门，在第一进的院落两侧是两幢木制建筑物——钟楼和鼓楼，朱栏斗拱，琉璃生辉，与傍依墙窗的桃树，平整嫩绿的草坪，构成了一幅独特的画面。首先走进的是天王殿，威武伟岸的四大天王分列两旁，殿中间则是笑口常开的大肚弥勒佛。这不由得让我想到一天下名联“大肚能容，容天下难容之事；开口便笑，笑天下可笑之人”，不知我是否也被列入可笑的阵容？转过弥勒身后的大屏风，一尊威风凛凛的护法神立像，金盔金甲，手持金钢杵，说是神将韦驮。传说韦驮是佛国中以善走如飞而被称为“神行太保”。据称，在佛陀涅槃，有个“捷疾鬼”偷走了佛陀的两颗牙齿，作为护法神的韦驮，忙疾起直追，经过一段奔跑，终于将盗贼抓获，夺回佛牙。为此，韦驮被众人公推为神将，担起保护释迦佛坟墓的重任。望着凛然生威的神像，心中感慨，在人间烟火的熏染中，你是否也能肩挑保护人间的重任？

再一进的院落则别有一番景色了，正中放置一特大香炉，香烟袅袅，径入青天，从满炉的香灰足可看出虔诚向佛、渴望皈依的香客的确不少。正面是汉白玉的石阶和护栏，两面则是姹紫嫣红的花圃，靠围墙是两行苍绿的美人松，给红尘中的净土平添了几分凉意。进入大殿，高耸的释迦牟尼坐像迎面而立，这位创立佛教的佛祖，在这所谓的末法时期，似乎还在向我们昭示“空即是色，色即是空”的佛家妙理。东方净琉璃世界的教主药师佛，被尊称为“药师”“医王”。药师佛又叫药师琉璃光如来，药师琉璃光佛。药师佛曾发十二誓愿解除人间疾苦，带领十二药叉大将，以神力保护众生。西方主佛阿弥陀佛在民间有广泛影响，他在西方成佛，成为西方净土极乐世界的教主。分列两侧的是十八罗汉，其中著名的十大弟子也排列其内。与朋友一边观看佛教故事的介绍，一边游走于佛寺最大的神灵队伍之中。

传说释迦牟尼佛出世时，一手指天，一手指地，周行七步，顾视四方，曰“天上天下，唯我独尊”。释迦牟尼佛又称现代佛，住世说法 49 年，建立本土佛教。

六鼎山正觉寺

再往后则是阿弥陀佛、千手观音殿。端坐于观音殿里的观音像，为六法身千眼樟木雕刻的贴金像。此立像环 360 度联体排列，形成六面体，每面又独立成为一尊完整塑像。六法身千手千眼观音像高 6 米，整组雕像共 66 个佛头，6000 只手，6000 只眼，6.6 公斤贴金。该雕像不仅具有极其深刻的宗教含义，更有极高的艺术水准。可以毫不夸张地说，这是尊国宝级的佛教圣物。观音殿之上，是藏经楼。藏经楼下面，有地下五百罗汉堂。只是我们来得不巧，罗汉堂尚未对游人开放。整个正觉寺的殿阁均依山势而建，沿山坡望去，陡势逐渐上移，最后自地藏菩萨殿旁的石阶而上，则是在山坡上修筑的一长长的平台。站在台上，看下面鳞次栉比的屋脊，听着随风吹送的木鱼声，真有一种如释重负的感觉，与穷对冗事，为生存而忙碌的尘世确有天壤之别。

倚栏远望，与刚来时的景象又有不同，来时的一切都在自己的脚底，天更蓝，水更阔了，群山拱卫，水天一色，木鱼与钟声长鸣，松翠共湖水同碧，望白云悠悠，想人生苦短，怎会不发出“白云苍狗，逝者如斯”的感慨呢?

携友随游客出了山门，缓步而归。回首望去，山门两侧写有的八个大字“苦海无边，回头是岸”，依然闪烁着金辉，苦于自己没有顿悟的佛性，便只有仍回到苦海里挣扎一番了。

十九　谁是渤海的后人？

大街上人潮涌动，彼此很少差别，但细究起来却各有各的民族，自己有自己的祖宗。若让某人说清祖宗或民族的来历，却有很多说不清的。就像说到渤海，渤海是哪里？此渤海而非彼渤海，是为渤海国也。渤海国就是大祚荣在敦化东牟山建立的靺鞨政权，公元 713 年被唐玄宗招抚，大祚荣被册封为“左骁卫员外大将军”“渤海郡王”“忽汗州都督”，以其辖地为忽汗州，从此，大祚荣将其辖地专称为“渤海”。

那么，渤海国又是什么民族建立的？回答是靺鞨。靺鞨属于肃慎族，兴于唐代，被东胡族之契丹所灭。后来肃慎族之女真兴于宋代，灭辽建立金国，后又被东胡族之蒙古替代，建立了元朝，统一了中国。肃慎族之女真经过长时间的休养生息，在明末崛起于 1616 年，努尔哈赤统一女真诸部，史称后金。后来，1636 年，皇太极改国号为清，并将民族名称改为满。

由此观之，渤海的后人应当是现在的满族人。那么不在民族承袭上看，要怎样才能知道谁是渤海的后人呢？我想，这就要从民俗礼节文化上的传承上或可略知一二。既如此，研究一下渤海人的民俗礼节还是很有必要的。

现在东北的汉族人，受满族人的影响，许多生活习惯和满族人已经毫无差别，已经很难分清满族人和汉族人。我从小就生活在敦化地区，有些生活风俗根本不知道是满族人的习惯，长大后才懂得一些满汉的区别。现在我就把我看见的、我经历的、我知道的、我自己的生活总结一下。

渤海的婚俗具有鲜明的特色

在《金史本纪》中说：“世宗大定十七年十二月戊辰，金以渤海旧俗男女婚娶多不以礼，必先攘窃以奔，诏禁绝之，犯者以奸论。”可见，渤海的婚俗当时正流行着抢婚的习俗。纵观世界上很多民族都有此偏好，有的真抢，有的假抢，到最后都演变成了一种程序和习俗，使其具有观赏娱乐的价值。

渤海婚姻实行的是严格的一夫一妻制度。渤海妇女为维护一夫一妻制度做出了坚持不懈的努力，这使她们在社会中拥有着重要地位。女人不容侧室，在发掘的渤海墓葬中，凡男女合葬的，都是一男一女，无一男多女者。女人如发现其男人有外遇，闻者必谋置毒，死其所爱。妇人皆悍妒，大氏与他姓结为十姊妹，互相稽察其夫，一夫若有所犯，而妻不觉者，九人则群聚而诟之，争以忌嫉相夸。由此也可看出渤海妇女的刚烈强势，当时的契丹、女真族都有小妾和侍女，唯渤海没有。《晋书・列传第六十七》中记载，早在肃慎、挹娄时期，其婚俗是“将嫁娶，男以毛羽插其头，女和则持归，然后致礼聘之……”《魏书・列传第八十八》中有到勿吉时，其婚俗则是“初婚之夕，男就女家执女乳而罢，便以为定，仍（乃）为夫妇”。

这样看来，这里所谓的抢婚都是一种形式，不是真抢，是沿袭下来的一种习俗。可笑的是，唐世宗还为此下了诏书，是他根本不了解渤海婚俗的真谛。

娘娘库的传说

敦化是满清皇室发祥地，满族人很多。我找到一些人求证过，都肯定了这个婚俗是渤海人曾经沿袭的风俗习惯。

善于采摘和养殖是吉黑两省的特定地理环境所造成的

敦化在2007年成立了“长白山满族文化研究会”，并办了一个内刊《长白山满族文化研究》，我是这个刊物的责任编辑。在这个刊物中，很大篇幅发表的都是满族文化研究的，大部分作者是满族。和这些作者搞过座谈，对渤海的民俗进行过一些讨论，对渤海的物产和养殖也进行了专题研究。

不同的民族，由于居住地的不同，地理环境的不同，就会形成不同的生活特点和习俗，正所谓“千里不同风，万里不同俗”。渤海是崇尚骑射和游猎的，这一点与中原地区的汉族有着根本的区别。既然骑射和游猎成为渤海人的主要生活活动，那么养鹰就成为渤海人必不可少的辅助手段。海东青是世界上飞得最高和最快的鸟，有“万鹰之神”的含义。传说中十万只神鹰才出一只“海东青”，是肃慎（满洲）族系的最高图腾。海东青不单纯是一种真正存在的物种，类似于汉民族的凤凰图腾崇拜，也可能是一种早已灭绝的巨大鸟类，根据《山海经》的记载，很有可能是肃慎地（古东北）大荒之中的九凤。在渤海众多的飞禽中，鹰也成了珍贵的贡品。开元十年十一月，渤海遣其大臣味勃计来朝，所献贡品清单中，头项所列赫然就是海东青。自此以后，献鹰的事便屡见记载。天宝八年三月，渤海遣使赴唐就是专门献鹰的。

除了养鹰，渤海人还特别喜欢养马，因为马对渤海人是非常重要的。《新唐书·渤海传》中记载：“俗所贵者，曰太白山之兔，南海之昆布，栅城之豉，扶余之鹿，率宾之马……”可见率宾之马成了“俗所贵者”。满族人有祭祖马的习俗，就是选出最出色的马，留下长鬃长尾，祭祀时在马的乌字骨放两盅高粱老酒，点燃，把马牵进屋中，头对佛爷板，让马喝绵酒，熏达子香烟，请祖先“验中”，这马就是祖马了，死后也要埋在祖先的坟旁。这种对马产生的神秘色彩的崇拜，实际上就是渤海人喜好养马的风俗演变而来。

养花尚莲也成为渤海上层社会人们的一大喜好。《松漠纪闻》载：渤海“富室安居逾二百年，往往为园池、植牡丹，多至二三百本，有数十干丛生者，皆燕地所无”。考古资料表明，牡丹与莲花成为渤海建筑饰物与佛教浮雕中的主要花饰。而至今在宁安市镜泊湖一带的小北湖仍有种植莲花的遗迹，附近村屯以莲花为名者更是屡见不鲜。

采人参

说到采集，更是长白山地区的主要特征。在长白山一带，出产人参、灵芝、松茸、松子、榛子等名贵地产，每到秋天，人们就结伴上山，这时的山五颜六色，景致极好，所以就有了五花山的美誉。人们秋天采山，不仅成为生活之必需，而且也成为一种习惯。《册府元龟》中有这样的记载：后唐庄宗同光三年二月，“渤海国王大諲譔遣使贡人参、松子……”可见，长白山的地产，也得到了皇家的认可。

我就生活在长白山下的敦化，对这些地产非常熟悉，还上山采过。山参是可遇不可求的，其他的都好采集，只有采松子非常危险，采集松子需要爬到松树上，把松塔子打下来，没有一定的爬树技术是不行的，我就在树上掉下过。

渤海礼俗是人们交往和社会活动当中必要的礼节

渤海的礼俗，并非荒蛮之地没有章法，反而更加严谨讲究。就拿称呼为例，渤海和其他兄弟民族就颇不相同。突厥称首领为可汗，回纥称首领为君长，吐蕃称首领为赞普，渤海称首领则是可毒夫。《五代会要》中就有这样的记载：“其俗称其王为可毒夫，对面呼圣王，笺表称基下，父曰老王，母曰太妃，妻曰贵妃，长子曰副王，诸子曰王子。”从其字面的意思来看，可毒夫就是可以狠毒的壮士、男人。从反面理解就是，没有一副狠毒的心肠，是不可能担当国王或领导职务的，可见渤海人把道理说得多么直白。像这样的称呼，不仅和当时的少数民族不同，就是与中原汉族相比，也是极不相同。

渤海行拜礼，相对礼法甚严。《东国通鉴》中有这样一段记载：“敬顺王二年，高丽太祖十一年八月，渤海人隐继宗等投高丽，丽王引见于天德殿，继宗等三拜，人谓失礼，大相含弘曰：先土人三拜，古之礼也。”国破出奔之际，礼法还这样严谨，可见渤海礼法之一斑。

渤海末代郡王大諲譔向辽太祖请降的礼俗更是有趣。《辽史・太祖本纪》中说：“天显元年春正月庚申，拔扶余城，诛其守将。丙寅，命惕隐安端、前北府宰相萧阿古只等将万骑为先锋，遇諲譔老相兵，破之。皇太子、大元帅尧骨、南府宰相苏、北院夷离堇迭里，是夜围忽汗城。已己，諲譔请降。庚午，驻军于忽汗城南。辛未，諲譔素服缟索牵羊，率僚属三百人出降。上优礼而释之。”大諲譔穿白衣牵羊投降的方式的确有些别具一格。今天投降要举白旗，所以穿白衣是很好理解的，但牵羊是什么意思呢？是不是表示温顺的意思？

在记载和考古挖掘中来看渤海人的丧葬习俗

在《属部列传》中对黑水靺鞨的丧俗有这样的记载：“死者穿地埋之，以身衬土，无棺敛之具，杀其乘马于尸前设祭。其酋曰大莫拂瞒咄。”从这里可以看出，当时渤海人的丧葬是行土葬，从“杀其乘马于尸前设祭”，可见马在渤海人生活中的地位。不用棺敛之具，这和汉族的丧葬习俗大不相同。

贵族墓葬多在地上构筑建筑物，显然是勿吉人之“父母春夏死，立埋之，冢上作屋”遗俗的折射。在珲春马滴达村旁有一马滴达塔，我曾路过那里，专门前去考察。但不幸的是，现在只剩塔基，塔基下面的墓葬已空且已坍塌，我只有在《珲春县志》里和考古部门得知，此墓葬虽没有墓碑壁画，但出土了一具人骨，是男性。此塔同和龙贞孝公主墓，无论在塔基平面，还是在墓室的结构、规模、筑法等方面都基本相同。由此推断，马滴达塔是渤海时期所建。

渤海时期各地往往墓葬成群，且有大量多人葬、二次葬的习惯，这是靺鞨人聚族而居的又一种体现。

有幸到过敦化六鼎山的古墓群。六鼎山的墓室都修在地下，以石砌筑，方形，抹角叠涩藻井，南壁中设甬道，甬道前有墓道，从墓室结构上能看到受高句丽石造单室封土墓的墓葬形制的若干影响；而进入中期以后，以贞孝公主墓为代表，墓室虽修于地下，却“以青砖砌筑，由前室、甬道、主室组成，呈长方形，叠涩起顶，用青砖修葺塔式建筑于墓上……”这种墓室结构和唐代中原的中小型墓十分接近。

在《宁安县志》上有记载三灵坟的，“相传道光年间被石工偷凿一孔，二尺许，殉葬品尽为盗去”。由此看来，渤海有殉葬习俗，但以何物殉葬，还没有资料明确说明。

敦化的满族人临终时，必须洗手、净面，穿好寿装。所穿衣服的件数必须是单数，不准成双数。此刻需把祖宗板、祖宗匣子、香案等用红布蒙好。人死后，顺炕沿方向放在灵床上。把一只红公鸡拴在灵床下，做引魂鸡。哭丧时，边哭边诉其生前好处。如死者是旺族的尊长，本族穆昆达便派人通知各家，称为“传户”。如丧讯送到一日人还不来，穆昆达就要对他进行责罚。

立幡杆

死人了，院中要立一根丈余长的木杆，上挂引魂幡。引魂幡用一幅三尺多长的红布，上端镶块三角形黑布幡头，红布撕成三幅，中幅宽，边条窄而略短，下边镶上五指状黑穗，中幅下边镶锯齿状黑穗。引魂幡是满族丧事的标志。下葬时，来送殡的亲友抢幡布。据说这布能避邪，可给小孩儿做衣服。

穿孝

满族对死者表示悼念也穿孝，但与汉族不同，腰上不系麻绳，只系孝带，男子不戴孝帽，只在帽上缝一白帽圈儿。妇女戴用白布叠成的孝帽，披发，用白布条扎发根，垂于脑后。孝服有讲究：重孝的孝衫是滚边儿的；偏孝的孝衫是毛边儿的。

旗材

满族用的棺材称作“旗材”。其形状似由两个上宽下窄的木槽扣合而成，近于八面体。天板只有一尺来宽，棺材头画楼阁，脚蹬板画莲花。天板里面对头部的位置上贴着用纸剪的旭日，对膝下部位，贴星月，故称棺内有日、月、星辰。棺材的顶上，用木板做成五指状“寿头”钉在天板上。如果死者未结婚，需装“无底棺”。所谓无底棺，就是在棺底上钻七个孔。

满族在室内入殓

入殓时，可将日常用品，如拴棍、烟袋、茶酒具以及死者生前爱物，放在棺材里。灵柩不许走门，从窗户抬出（男走左窗、女走右窗），停于院中灵棚，引魂鸡绑在棺材下边。

下葬

满族单日举行殡葬。出殡时，将引魂鸡放在天板的五指寿头下边。灵柩抬到墓地后，需绕墓坑转三圈，男往左转，女往右转。下坑前，将引魂鸡放生，任其逃走。满族并骨时，在先葬者的棺材帮上钻一个孔。

出魂与供饭

三天圆坟，七天出魂。所谓出魂，是指在死人的第七天晚上，家里的人全部到别人家去住，请外人来看家、睡觉，屋地撒上灰，在死者生前住的铺位上放一张桌子，桌腿朝上，桌心放一碗水。为的是深夜死者亡魂归来，一看自家人不在了，他住的位置已成了大海，就再也不回来了。

人死后一个月和一百天，都要进行祭奠。携酒及供品到坟上去，称“供满月饭”或“供百日饭”。穿偏孝的人，供满月饭时脱孝；穿重孝的人，在供百日饭时脱孝。

清明，在坟头插上用柳枝和五色纸扎成的“佛头”，当作坟上的花朵。除夕晚上烧包袱，包袱由黄纸钱口袋装着烧纸或用金银箔做成元宝锞子，在十字路口上焚烧。

满族的丧葬习俗，从其祖先天葬将尸体喂鸟，到靺鞨的“死者埋之，无棺椁、杀所乘马以祭”，到金代的“丧必火葬”，又到清代的旗材，已经多次变化，随着社会的发展，丧葬习俗还在不断变化。近年，各地相继修建火葬场实行火化，尸体火化，既卫生又节简，现已成为各民族统一的丧葬形式。满族人民丧葬，也都采用了这一新的形式。

渤海的服饰有自己显著的特征

一个民族的穿着打扮，最能体现出民族的特征，渤海的服饰习俗也是很特殊的。在肃慎时期，看起来他们还不太会做衣服，《晋书·列传第六十七》中有这样的记载：“肃慎氏一名挹娄……俗皆编发，以布做襜，径尺余，以蔽前后。”“襜”，是指衣服遮蔽前后的部分，严格说，还不像衣服。到了渤海时期，有了变化，黑水靺鞨“其畜宜猪，富室至畜数百口，食其肉而衣其皮”。（《渤海国志·属部列传》）可见已懂得用猪皮做衣服，进而猎取兽皮做皮裘，渤海赴日本的大使裴璆，就曾穿过一领貂裘，并以为珍奇而自夸。

随着时代的推移，渤海上层社会的服饰发生了更明显的变化，《新唐书·渤海传》中说：渤海的服饰是“以品为秩，三秩以上服紫，牙笏、金鱼。五秩以上服绯，牙笏、银鱼。六秩、七秩浅绯衣，八秩绿衣，皆木笏”。看来渤海当时是崇尚紫色，把穿着打扮分成了等级，不准随便乱穿了。

渤海一族到了满族阶段还是留有编发的习惯的，女真族的男子是剃发编辫，满族男子也是辫发垂肩。满族人的帽子“寒暖异制”，即冬天戴皮帽，春、秋戴暖帽，夏戴草编凉帽，并在帽子顶点缀着“红缨”，既醒目又艳丽。至于足下就更具有地方特色了，冬季普遍穿的乌拉鞋所用的乌拉草只有东北才有，当初在赫图阿拉（今辽宁省新宾县永陵镇）时期，努尔哈赤就是“足蹬鹿皮乌拉”。

对于一个骑射民族来说，一切装束都要得体利落，以利于马上奔驰，例如他们的裤子下幅有前后左右四处开衩，明显是为骑马方便。还有一种缺襟袍，右前删短一尺，平时穿着仅用三颗纽扣即可将其连在里襟上，骑马时不系扣也可以。还有满族袍子上的“箭袖”，就是接在袍子袖口的一个长约半尺的半圆形袖头，因其形似“马蹄”而被称为“马蹄袖”，马蹄袖的形成来源于长期的狩猎生活，是猎人打猎时护手御寒用的。在满族服饰中，最突出的就是人人耳熟能详的旗袍。旗袍是满族人的服装，因满族人有“旗人”之称，所以他们穿着的袍服，被称为“旗袍”。旗袍并非起源于清代，在其形成以前，有着一段漫长的孕育期。满族属于生活在北方的少数民族，擅长渔猎并四处游牧，而北方气候比较寒冷，只有长袍裹身，才能抵御风寒。

满族人喜欢在被面或褥面上镶三条或青或蓝的深色布，称作“镶腰”。枕头，原为条状二人枕，两端是方形的绣花枕顶儿。这种枕头一直用到民国年间，个别村庄到中华人民共和国成立后还有用的。现在都用扁方枕。

伴随时代的前进、生产方式的变更、生活条件的改善，满族的衣着装束也在不断变化与革新。现在敦化的满族，包括高龄老人，穿旧式服装的很少见，与汉族没有差别。

《柳边纪略》载：“我于顺治十二年流宁古塔，尚无汉人，满洲富者缉麻为寒衣，捣麻为絮，贫者衣狍、鹿皮，不知有布帛。”那时的绸布衣服，大多来自马市和战场，战场僵尸，无不赤脱，可见衣服之金贵。在这种情况下，服饰难以规范，既无男女之别，也无贵贱之分。进入辽金以后，才从汉族地区输入了布匹、绸缎，同时学会了植棉、纺纱、织布。服装的面料变了，但制式仍然基本保持着古老的民族传统。

寒冷的气候和临海多山的地理环境决定了他们的饮食习惯

不同民族的饮食习惯是不一样的，就像汉族喜欢吃饺子，朝鲜族喜欢吃打糕，蒙古族喜欢吃全羊，赫哲族喜欢吃鱼，那么渤海人喜欢吃什么呢？答案是猪肉。

早在肃慎时期，他们就已经善于养猪，猪肉是用来吃的，所以现在还喜欢吃杀猪菜，也就是白肉血肠；猪油可以用来涂身，用来防寒；猪皮用来制作衣服和其他用具。到渤海时期，饮食已很讲究了，例如，在《辽史》中就有这样的记载："五月重五日，君臣宴乐，渤海膳夫进艾糕。"这样看来，渤海也过端午节，这可能是向大唐学习的结果。不同的是，汉族吃的是粽子，而渤海人吃的是用艾叶包的糕，这就很有渤海风味了。

渤海人除了吃米饭和黏豆包以外，满族人由于早年的渔猎生活，留下了爱吃饽饽的习惯。满族的饽饽种类繁多。每逢春节，满族人都要做"年饽饽"。年饽饽有白面饽饽和黏米面饽饽两种。黏饽饽有黏糕、切糕、油炸糕、驴打滚（也称豆面卷子）、黄面饼、黏耗子等。打糕也是一种黏饽饽，但它是满族用来敬神的供品。还有一种发糕，是散状的玉米面饽饽，碗糕与锅出溜多数是小米面做的。不过，小时候家里生活困难，这些东西偶尔才能吃到，常吃的就是黏豆包和苞米碴子粥。

满族造酒

满族主食中，像酸汤子、碴子和做黏饽饽用的水面子，都是先把米浸泡发酵，然后用清水洗去酸臭气味磨面制成的。因此，从关内来的汉族人，称当地的满族人为"臭米子"。

满族还有饮酒和吃海物的习俗。饮酒是因为地处北方，饮酒御寒也是生活所需；吃海物是因为毗邻日本海、渤海、黄海，海上捕捞是渔民赖以生存的手段，喜吃海物的习俗就慢慢形成了。《松漠纪闻》记载："渤海螃蟹，红色，大如碗，螯巨而厚，……石举、鲍鱼之属皆有之。"

到了满清以后，渤海的后裔满族人在饮食上又有了发展和变化。《北盟会编》记载：金时女真人“以豆为酱”。至今，农村中满族甚至长期生活在本县的汉族或其他一些民族家庭仍习惯用黄豆制酱，其做法是，头年腊月，将黄豆上锅烀得熟烂，再放入缸中趁热捣碎，取出打好大小适中的酱块，搁置到来年4月，将酱块洗刷干净打碎，放入缸中，加盐、添入清水，待发酵后食用。可调味、腌渍咸菜，几乎是一日三餐必备的食品。

满族人还喜欢酸食，比如汤子面和酸菜都是酸性食品。将玉米或高粱米浸泡发酵磨成水面，用箩去皮等粗物，使汁液沉淀，俗称汤子面。做时将铁皮汤筒套入拇指，用力攥面，面从筒中挤出呈条状甩在锅里煮熟即可食用。布缩结，指酸菜。这是满族的主要素菜。满族生活在冬季寒冷的东北地区，一年有半年要靠窖藏的脱青蔬菜过日子。酸菜是秋天将新鲜的白菜在缸中发酵而成,味酸。炖，炒，生拌凉菜，做汤、做馅都行。猪肉炖酸菜是北方满族常吃的菜肴。

满族火锅是名满天下的。通常以猪、羊肉为原料，东北农村满族喜欢用酸菜、蘑菇、粉丝、虾仁先放火锅内，再将切成薄片的猪肉、羊肉铺在酸菜上。放进火锅内煮开后，配上作料即可食用。除羊、猪肉外，狍子、鹿、野鸡、黄羊、飞龙的肉都可以做火锅子。这些东西都是长大后才吃到的，小时候能吃一顿酸菜炖猪肉的火锅也是很不容易的。

满族还有一个生活习惯，那就是窖藏蔬菜。每到秋末冬初，农村家家户户房前或房后挖近两米深的穴，根据穴口大小，上面横放若干根原木，覆玉米或高粱秸秆，再盖上土，此即为菜窖。窖内藏白菜、土豆、萝卜、大葱等鲜菜，可保存到来年4月。菜窖上有一口，仅容一人出入，取菜时登梯上下。其式样似满族先人冬居的地穴。从窖藏蔬菜以及春采山菜，秋采山货野果，冬猎野物等现今满族人的生活习惯同满族先人的穴居生活，有着自然而和谐的联系。

满族人的居住有别于其他民族，是在生活中长期发展流传下来的

满族人家把庭院称作“院子”，四周用墙围成“院套”。院子南面正中是院

门，院墙都是用砖或石头、或用土打墙、或用草泥垛成一米高左右，有的也用杂木树干或秸秆等编成“障子”。我小时候住的房子就是这样的。正房坐北朝南，两边是仓库或牛棚等，组成一个四合院。满族盖房有很多讲究，先立房架子，再砌墙安门窗，亲朋好友闻讯赶来为之祝贺。房梁上要挂红，当上到最后一根大梁时，鞭炮齐鸣，房主往大梁上浇酒，唱上梁歌，“浇梁头，浇梁头，祖祖辈辈出王侯；浇梁腰，浇梁腰，祖祖辈辈吃犒劳。”像这样的场合，我不知道参加过多少次。房屋多为泥草房，墙基用毛石砌成，房上是羊草铺就，窗扇用木条拼成窗格，窗纸用苏油或麻油浸过后糊在外面，这就是东北三大怪之一：窗户纸糊在外。

小时候住的房子都是落地烟囱，满人称烟筒，满语称“呼兰”。有些人家还沿用祖先的习惯，把通心腐烂的大树干当作烟囱。正房一般为三间，一明两暗，中间是厨房，两边是卧室，卧室都是土炕垒成。满族人是以西为大，称为上屋。进入房门，便是堂屋，又称外屋，水缸、酸菜缸等都在外屋。有些人家的西屋都是“万字炕”，就是南北大炕与西边的窄炕连在一起。炕的边缘用光滑的木方镶嵌，称为炕沿。炕上有炕琴、黄箱子等家具，炕柜内装衣物，柜上放被褥，都是叠得整整齐齐的。像这样的火炕提起来我就感到亲切，因为我在这样的火炕上住过十几年。

我还记得小时候，火炕虽然烧得很多，但房子因为透风，屋子里还是很冷。为了解决取暖问题，也为了节省柴火，就把锅底的炭火装到泥火盆里。泥火盆是什么东西呢？泥火盆属于民间工艺，但谁都会做，我就做过几回。用黄黏土掺些猪毛、碎线麻和成黄泥，将和好的泥扣在油子盆上，再用手拍、捏、擀，先拍出个大幌，再捏上两个耳朵作为扣手，最后用瓶子在上面擀，有条件的在表面擦些苏子油，能让火盆油光锃亮。冬天寒冷，客人来了都坐在炕沿上，伸出双手烤火。晚上，我常常一边听妈妈讲故事，一边搓苞米，火盆就在我们身边，感觉很热乎。饿了，还可以烧几个土豆或烤几片干粮，感觉既有趣又好吃。不过，我总爱偷偷烤些毛葱和大蒜，让大人知道是不行的，那些东西是做菜和做种用的。

在大多数人家的火炕上，还有一样东西是必备的，那就是烟笸箩。过去满族女人没出嫁前要学会抽烟袋，这是来自满族装烟的习俗。关东三大怪：“大姑娘叼烟袋，窗户纸糊在外，养个孩子吊起来”。女人会抽烟，也不仅仅是习俗使然，那时的山里到处是蛇，夏天还有很多蚊虫，为防止这些东西的叮咬，烟袋油子和烟雾对于女孩来说是绝对的利器。我小时淘气，奶奶便用大烟袋锅刨我的脑袋。烟袋锅是铜做的，烟袋杆是乌木的，有三尺来长。我奶奶不是满族，但在满族的影响下已不分彼此。与大烟袋相匹配的是烟荷包。烟荷包是用来装烟的，也是满族人身上必戴的佩物。满族人把烟荷包做成葫芦形，上面刺绣出各种图案，飞禽走兽，花草鱼鸟，凤凰鸳鸯，人物故事，吉祥语及各种花边等。烟荷包既是刺绣精美的装饰品，又可作为关东姑娘的定情物，送给心爱的男人。

在满族的房间内，还可经常看到一个物件——悠车。悠车也叫摇车，是三大怪之一，养个孩子吊起来的唯一用具。我不仅坐过摇车，还悠过弟弟妹妹。摇车外形像一只小木船，也像一个木笸箩，用牛皮绳或麻绳悬吊在空中。它的四周画着太子图、花鸟鱼虫，写着“长命百岁”“九子十成”“龙翔凤舞”“吉祥富贵”等吉祥话。摇车里铺着糠麸褥子和粮食枕头，将婴儿放进去，用手轻轻一推，让它在空中来回悠荡，孩子便入睡了。如果此时再配上一曲摇篮曲，效果会更好。“悠悠啊，睡觉了……”妈妈在轻唱，摇车在悠荡，像春风拂柳，碧波荡漾……

不知有多少人在悠悠荡荡的悠车中走进这个世界，摇车，作为一种民俗曾经风靡关东大地；作为一种少数民族的摇篮，承载了一个民族的历史；作为一种文化载体，被深深地植根在人类的记忆中。

鞋子和生育对于满族男女一样重要

有一句童谣唱响关东大地：“关东山，三件宝，人参貂皮乌拉草”。乌拉草是一种三棱形带毛刺儿的草，纤细若丝，经过捶打后柔软如絮，絮在鞋子里既保温又隔凉。乌拉草之名，源于乌拉。满族想祖先以山林为家，每逢大雪封山，他们就用兽皮裹足，以此来御寒护脚。乌拉就是从“兽皮裹足”演变而来的，这种鞋的形状前平后圆口方，前脸上聚皮纳褶儿，四周设六个小耳，用皮条或麻绳穿过耳子系在小腿上，与兽皮裹足差不多。我小时候曾经跟随爷爷割过乌拉草，乌拉草和羊草都是在潮湿或有水的地方长得才茂盛，但那些地方往往会出现毒蛇，我就被蛇吓过几次。

把乌拉草割回来后要晒一晒，然后用圆木锤反复敲打。小时，穿的是黑布棉鞋，要比脚大上一两号的，为的是能絮上乌拉草，这也是上山砍柴的时候才用的，平时是不穿的，我嫌麻烦。

满族妇女一般不裹脚，称为“天足”。穿木底绣花鞋，底高 3 寸左右。木底中间细，两头宽，略呈方形，外包布或涂白漆，称作“寸子”或“花盒底”。到清末，此地劳动妇女放弃了这种鞋，换上了平底鞋。只有那些富人家的妇女，在出头露面的大场面上，才穿这种鞋，讲讲排场。冬季，老年妇女喜欢穿毡鞋，也有穿蒲草鞋过冬的。

过去，满族男人中的官宦及商贾、富豪多穿皮靴。劳动人民冬季都穿“乌拉”。乌拉里絮乌拉草，既轻便又暖和。旧时在山里做山利禄的人，穿一种极其简陋的乌拉，是用带毛的生猪皮（野猪皮居多），毛朝外，四周穿孔，穿上麻绳，窝成槽形，絮上草，当乌拉穿。人们称之为“猪皮绑”。还有一种精制的乌拉，样子很像皮靴，做工精细，人们称之为“趟踏马”。夏季一般穿伕德里鞋（傻鞋），鞋面绣有云形纹饰。

婚姻习俗

满族十分重视对子女的生育。妇女一旦怀孕，被视为全家吉事，这时婆母便告诉她一些保胎知识和传统禁忌，如：不准孕妇到别人的产房去，不准坐锅台、窗台。不许大哭大笑，不准侍奉祖先神。怀孕五月，不许去马棚，不许牵马等。

小孩出生称“落草”。据说，古时满族妇女在炕上临产时，要卷起炕席，铺上谷草，产妇在谷草上分娩，以后便相沿成习。小孩“落草”后，如果是男孩，要悬一小弓箭于门左，象征其长大后成为一个优秀射手；若是女孩，则门前挂一红布条，象征吉祥。

婴儿出生后的第二天，要请子女多、身体好的妇女喂第一次奶，叫“开奶”。第一个进产房看孩子的外人叫“采生人”。满族认为婴儿长大后性格会像“采生人”的性格，所以十分注重挑选“采生人”。

婴儿出生的第三天，要“洗三”，请儿女双全、德高望重的老太太给孩子沐浴，也称沐浴礼。沐浴用大铜盆，内放槐树叶、艾蒿，倒上热水后，前来祝贺的亲友们则将铜钱、花生和鸡蛋等放入盆内，叫作添盆。

沐浴过程中，如婴儿放声大哭，则视为大吉大利，这叫“响盆”。

孩子出生后第七天开始上悠车。

满族人的春节

春节旧称元旦，满语读音为“阿涅业能业”，这一天是满族同胞一年中最盛大的节日。生活在白山黑水的满族先民很早就有过春节的习俗，《渤海国记》记载：满族的祖先，人在春节到来时官民岁时聚会作乐，善歌舞者，数辈前行，士女相随，更相唱和，回旋婉转，号曰“踏锥”。踏锥就是今天东北地区扭秧歌时常见的踩高跷，男女老幼欢歌畅舞，庆贺新春的到来。

渤海国政治、军事以及文化上深受唐王朝影响，许多制度皆参照唐制，汉族春节的一些习俗正是在这一时期传入东北地区的。清王朝统治集团在顺治元年入关之后，满族居民大量移居关内，与汉、回、蒙古等民族杂居共处，汉民族的春节习俗逐渐被满族居民完全吸收。

满族人过春节虽然因袭汉民族，但也有其独特的习俗。腊月置办“年嚼谷儿”（节日食品）时，满族人家家户户开始淘黄米、烀豆子、蒸黏豆包。条件好一些的人家准备的满族饽饽（点心）就更丰富了，有炸油糕、萨琪玛、苏叶饼等诸多花样。满族饽饽多为黏食，这与满族先民渔猎生活息息相关，黏食较为抗饿，有利于男人们终日在山林里和湖泽旁奔波。

满族人除夕前要贴春联、挂旗、福字、窗花。满族以白色为贵，最初是使用白绢写春联，后受汉族影响改用红纸。满族旧制有黄、白、红、蓝、镶黄、镶白、镶蓝、镶红八旗，过年时各旗根据自己的颜色挂上挂旗，以图吉利。贴福字的习俗可以追溯到宋代的挂春牌，倒贴福字相传源于满族。清代恭亲王有一年过春节时，府上有个不识字的仆人，这个文盲老兄把福字贴倒了。恭亲王福晋（夫人）看后勃然大怒，下令严惩。一旁的管家灵机一动，忙对恭亲王爷说：“王爷福晋息怒，这是吉兆啊，福‘倒’了不就是福‘到’来的意思吗？这是王爷您的大富大贵到了！”恭亲王和福晋听后转怒为喜，重赏了管家和那个倒贴福的人，贴倒福字便成了满族的春节习俗。过去的满族人家过年时，要在窗户外面糊上一层“哈花尚”（麻布纸），心灵手巧的大姑娘、小媳妇用剪刀剪出各种美丽的图案，与汉族不同的是，满族的剪纸多取材于与萨满教相关的传说。

满族节庆

年三十儿到来，满族人家要竖立“索伦杆”（神杆），挂上猪的内脏给过往的乌鸦喜鹊吃，杆下摆上供品祭祀乌鸦神，感谢鸦雀当年救助“老罕王”（努尔哈赤）。同时还要在室内的西墙挂上祖宗的画像，供桌上摆上猪头、鲤鱼、大葱、豆腐、米饭、米酒等食物，全家在家长的带领下叩拜祖先。除夕这顿饺子要男人来煮，女人唯独在这一夜晚不做家务但不能外出，直到初六才可以出门拜年。

满族在正月二十五要举行“添仓”大礼，男人们在家长的带领下，用盆子盛上黏米饭，恭恭敬敬捧着来到“哈什”（仓房），用手指黏一些米饭象征性涂抹到粮囤、米袋、量米的斗子上。然后在哈什的一张桌子上摆上馒头等祭品，家长点燃三炷香，向粮囤作揖祭拜五谷之神，祈祷明年粮食丰收。

正月里，满族妇女领着女孩在火炕上玩“翻绳”“嘎拉哈”（羊的髌骨）等游戏，男孩子则在外面放鞭炮、藏猫猫、打冰噶儿。贯穿整个正月的“鞑子秧歌”把春节的喜庆氛围推向高潮。“鞑子秧歌”是东北地区特有的舞蹈，舞蹈中有“鞑子官”（打头的）“克里吐”（丑角）“拉棍的”（配角）“傻子”等各种造型，舞步生动有趣。表演中摆动幅度大、造型夸张，再现了善骑射的满族先民勇武彪悍的民族风情。

满族人的节日和信仰与汉族有着相通之处

春节

春节，旧时称元旦。满族承袭渤海和金代遗风，把春节当成大节。节前数日就开始蒸年饽饽。除夕，在院内杆松搭彩，男着新装、女戴花枝，酒宴相庆。

元宵节

正月十五元宵节也称灯节。家家张灯结彩。官方派员扮灯官主持活动。民间有冻冰灯，蒸十二月豆面灯测旱涝的习俗。次日傍晚，妇女们有请笊篱姑姑、打画墨儿做吉祥、步平沙走百病、滚冰脱晦气等活动。

大神节

农历三月初三为察玛春季“开马绊”之日；九月初九为秋季“开马绊”之日。所谓开马绊，就是新察玛在这一天举行出徒仪式。仪式结束后，就算正式察玛了，此后便可单独顶香看病了。故民间称三月三和九月九为大神节。

山神爷生日

农历三月十六为山神爷生日。吉东满族供奉的山神是虎像，故民间称虎为山神爷，村头多数有山神庙。三月十六这天，要到山神庙去上供、烧香、祭酒、挂红，以求山神保佑全年人畜平安。

虫王节

农历六月初六为虫王节。吉东满族多用波利叶饼或椴树叶饽饽来为虫王祝寿。传说这天是虫王放“马”日，农民要往田地里插小旗，免得它的“兵马”闯进田地里吃庄稼。

端午与中秋

农历五月初五为端午节，八月十五为中秋节。现在满族和汉族一样，端午节吃粽子，煮鸡蛋；中秋节阖家团聚赏月。端午清晨采艾蒿，用五色线给孩子系手腕、脚脖的习俗，至今仍在流行。

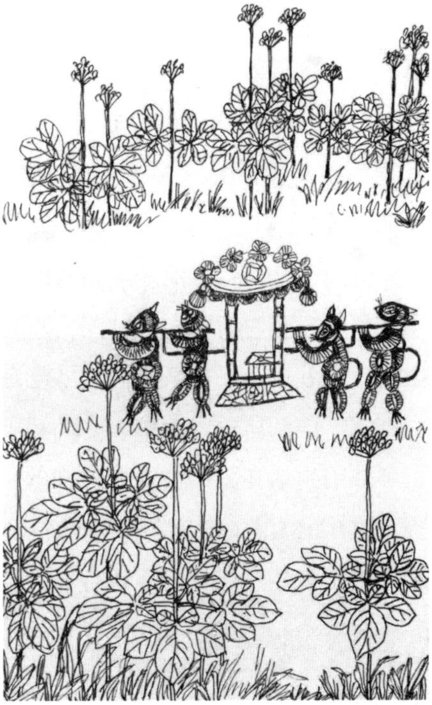

鼠年放山

望祭

满族把长白山当成发祥地，后来又封它为长白山神，年年拜祭。因路远难行，就在近处小山上设位拜祭，称作小白山，进行望祭。民间纷纷效仿。额穆城北的小白山，直到民国初年还有满族人到那里祭拜长白山神。满族的望祭和腊八节，原为朝廷祭祀日月星辰，山川林泽诸神，以保谷物庆丰收。后来演化到民间，已无腊祭形式，专在秋后举行，以赛马、射柳、跳空齐舞来庆丰收。满族的信仰来自其先世渤海时代的靺鞨人和金代女真人。靺鞨人既信奉古老的萨满教，又信奉道教和佛教。

金代遗址中屡有萨满教铜人出土。可见金代萨满教在女真人心中享有至上的权威，它影响到女真社会的各个方面。佛教是渤海宗教中传播最广、影响最大的教派。考古资料证明，仅在与敦化相邻的宁安县渤海上京龙泉府一地，大小佛寺遗址有九处之多。佛教的盛行，使得具有久远历史的萨满教已退居次要地位。清代满族人仍承袭其祖先，信奉此二教为主。

萨满教

萨满教是最原始的宗教，它崇拜自然界，相信天地、山川、日月星辰等万物都有灵异；由神主宰万物，神居天上，人居地上，恶魔居地狱，人死其灵魂不灭。

萨满也称察玛，他是萨满教的专职司祭，充当人与神之间的媒介。敦化的家族察玛，多为满洲人，男性。如岗子的瓜尔佳代正白旗关云志察玛，会唱祭祖的整套歌词，安排祭祖仪式。还有一种跳邪神的察玛，多是伊彻满洲人，男女都有。他们所驱之妖邪，多为狐狸精、黄鼠狼精，称之为“狐黄二仙”。

从前生活在张广才岭密林中的猎户，信奉虎神、貂神和猎神，称虎为山神爷。原在镜泊湖上游各河川捕鱼的渔民，有供水神和鹰神的。这些信仰都与萨满教崇拜自然界、相信万物有灵有直接关系。

佛教

女真人及其祖先都信佛教。因此，满族人中吃斋念佛的为数不少。丧葬时连棺材都画成脚踏莲花，修今生渡来世的思想，在一部分老年人中还没有彻底破除。极个别的还有出家修行为僧尼者。中华人民共和国成立前，敦化瓜尔佳氏正白旗关姓女子关素琴，18 岁时在敦化“正觉寺”削发为尼，做了兴运老尼的关山弟子，赐号佛性。她出国后，先在美国建立了圆通寺，1984 年挪入纽约市中心，又建成了一个相当规模的“正觉寺”下院。后回到敦化六顶山，建成一座举世闻名的正觉寺上院，成为世界最大的尼众道场。

禁忌

满族历来忌讳杀狗，也不准吃狗肉，不准戴狗皮帽子、袖头。狗在牲畜中智力较发达，在某种情况下能领会主人的意图。满族人长期从事渔猎生产，狗充当其得力的助手，此当为不杀狗之由。满族以西为上，西炕供有祖宗匣子，因此西炕不能随意坐，更不准女人或戴狗皮帽子的客人坐。

肃慎族和东胡族在关东大地的较量中，肃慎先于东胡建立了政权，中间经过反复争夺，最后还是肃慎族的后裔满族统一了中国，建立了清朝。满族人就是渤海的后人。如今，满族人已经遍布全国，和汉族已经融合到一起，许多民族特性已经被岁月湮没了。谁是渤海的后人？在人群中是无法分辨出来的，只有根据他的生活风俗或仅存的那一点点习惯来判断了。

附录一：清初列祖世系

清始祖：爱新觉罗·布库里雍顺

清肇祖（原皇帝）：爱新觉罗·孟特穆

纯皇帝：爱新觉罗·充善（董山）

兴皇帝：爱新觉罗·脱罗（锡宝齐篇古的大哥）

正皇帝：爱新觉罗·锡宝齐篇古

清兴祖（直皇帝）：爱新觉罗·福满

清景祖（翼皇帝）：爱新觉罗·觉昌安

清显祖（宣皇帝）：爱新觉罗·塔克世

清太祖（高皇帝）：爱新觉罗·努尔哈赤

清太宗（文皇帝）：爱新觉罗·皇太极

附录二："敦化——清皇室发祥地"研讨会会议纪要

（2005 年 8 月 17 日）

一、市委常委、宣传部部长王阳立主持会议；

二、市委副书记张文生致欢迎词；

三、市委党史研究员杨明谷宣读论文；

四、会议就以下两方面展开研讨：

（1）鄂多里城是不是在敦化？

（2）鄂多里城是不是清皇室发祥地？

郭成康教授：

他首先介绍了我们国家修清史问题。他说我们国家修清史源于 2002 年，因为国家经济比较好，人民比较富裕了。他认为一部好的清史应由两岸学者共同来完成，台湾学者正做整修清史的工作，就是以清史稿为基础，订正清史稿的错误而不重新修清史。他说中华人民共和国成立后我们国家准备修"两史"，一部是中国共产党党史；另一部就是清史。1965 年中宣部提出成立一个清史编纂委员会来修清史，委员会共由 8 人组成。这部清史计划修成 3000 万字，大约用 10 年时间完成，到 2011 年或 2012 年完成。党和国家的要求是：这部清史能够反映 20 世纪初学术水平的，能经得起考验的传世之作。题材是用传统的记传体框架，同时吸收近代以来章节体的优点。整部清史共分五个部分：通史 (300 万字)、典志 (一千几百万字)、列传、时表、图录。现在的进展情况是：2003 年解决了题材和文体的问题，2004 年解决了立项问题，2005 年解决了试写稿的问题。

他说此次来东北目的有两个：（1）清史的编纂工作；（2）关于鄂多里城的学术研讨。

他认为鄂多里城是今天的敦化，这是学术上立得住的观点。同时他还强调清朝发祥地除了赫图阿拉和新宾之外，往上推的话鄂多里城是应该受到关注的。他认为有三方面的支柱：文献支柱、历史语言学支柱、考古学支柱非常重要，其中有可能一锤定音的是考古方面。他觉得目前需要进一步强化的是：在文献方面，要进一步梳理，把最重要、最基本、最原始的材料进行整理，要分清哪个是第一材料，哪个是它衍生出来的材料历史。语言学方面，要引入满语的人才，他认为语言学的支持非常重要，语言学方面要做扎实工作。考古发掘方面，他认为考古发掘是起决定作用的，决定胜负的是考古发掘，在今天的敦化敖东古城遗址（鄂多里城遗址）上挖掘出历史文物是最有说服力的证明。

张福有副部长：

他完全赞同郭教授的分析和判断。同时他强调文献依据方面是大量的，地理方位是符合的（鄂多里城距兴京东 1500 里，距宁古塔城南 330 里的具体位置，证实鄂多里城就是今天的敦化），建制沿革是延续到现在的，考古方面毕竟有一个城（敖东古城，东墙已荡然无存，有内城外城，外城东西长 400 米，南北 200 米，外城里偏西有 80 米 ×80 米的内城）。现在强化的是：（1）深化考古学工作；（2）有些提法需要澄清，建议从现实出发把清皇室发祥地和渤海国结合起来研究，同时，要注意充分论证，以防劳民伤财。

姜涛教授：

他个人认为鄂多里城是今天的敦化是毫无疑问的，从地理位置上可以论证鄂多里城就是敦化；但是论证鄂多里城就是清朝的发祥地，还需要进行大量的取证，以及对有关文献资料的补充和梳理。

刘厚生教授：

满族是怎么来的？它是部落名，地名，还是宗教名？鄂多里城是让人头疼的问题。他认为鄂多里城在敦化比在依兰说服力更强一些，理由比较充分，但还有进一步研究的必要。对史料进行研究他认为应慎重，同时对于敦化研究这个课题，他表示非常支持。

寺村政男教授：

他觉得对于这个问题，日本学者和中国学者应进行更多的交流。

林乾教授：

他认为历史有一个传播过程。证明黑龙江依兰的大多是明朝时代或是李朝时代，材料比较早。鄂多里和斡多里到底有什么关系？活多里在满语学者认为它是部族名，基本上不把它作为地名。

赫治清教授：

他提两条建议：鄂多里和沃多里是条线索，传说是一条线索。

周源教授：

他认为各级政府不但抓经济建设而且还抓文化建设，这一点很受感动。

马楚坚教授：

他认为在族谱方面去研究也是不可忽视的。

萧国亮教授：

他认为敦化在"敦化——清皇室发祥地"第一阶段工作已经完成。"不破不立"，现在就是破别人的说法，才能立得住。

会议就鄂多里城就是今天的敦化已达成共识，但鄂多里城就是清朝的发祥地，与会的专家学者表示还需要进一步研究取证。同时专家教授表示在研究、考证敦化就是满清发祥地的史实方面，给予敦化大力支持。

附录三：敦化就是清朝皇室发祥地鄂多里城

杨明谷

大家好！

首先祝贺国家《清史·典志》满族及东北少数民族工作会议在清皇室发祥地敦化市胜利召开。热烈欢迎各位专家学者，到敦化来做客。我有幸，以鄂多里城居民的身份参加会议，并得到了发言机会，以廓清敦化就是清始祖布库里雍顺所居鄂多里城这一历史事实。

清朝皇室发祥地在鄂多里城

敦化是一块风水宝地，历史上两代王朝都从这里兴起。公元698年，靺鞨人大祚荣，在距市区12.5公里的东牟山建立震国。不久，都城迁至忽汗河(今牡丹江)畔，名忽汗城。公元713年唐天子派鸿胪卿崔忻来忽汗城宣旨，成立忽汗州，册封大祚荣为左骁卫员外大将军、忽汗州大都督、渤海郡王。天宝年间都城迁走，这里称为旧国。公元762年，唐王朝下旨晋升三代王大钦茂为渤海国王，至此，唐下属的渤海国正式出现。公元926年，渤海被契丹所灭。若干年后，布库里雍顺又从这里(鄂多里城)崛起，建立满洲之号，开创清朝建国之基。

在清朝内阁档案资料汇编《东华录》中有这样的记载：

> 我朝先世发祥于长白山，山高二百余里，绵亘千余里，山上有潭，曰闼门，周八十里，鸭绿，混同，爱滹三江出焉。望气者言：其地将生圣人，统一诸国。山之东，有布库里山，山下有池，曰布尔瑚里。相传

有天女三：长恩固伦，次正固伦，季佛库伦，浴于池。浴毕，有神鹊衔朱果置季女衣。季女吞之，遂有身。寻产一男，生而能言，体貌奇异。及长，母告之故。因命之曰："天生汝以定乱国，其以爱新觉罗为姓，布库里雍顺为名。"母凌空去。子乘小舟，顺流至河步登岸，折柳枝及野蒿为坐具，端趺其上。其地有三姓争为雄长，构兵仇杀。有取水者奇其状貌，归告众。走问，语以姓名，且曰："我天女佛库伦所生，天命定汝等之乱。"众惊曰："天生圣人也。"舁归，奉为主。居长白山之东，俄漠惠之野鄂多里城，国号满洲。

文中告诉我们这样几个问题：一、清皇室发祥地在长白山区；二、长白山高二百里，绵亘千里；三、在山之东有布库里山，山下有池曰布尔瑚里；四、三天女佛库伦吞朱果而孕，生子布库里雍顺；五、子乘舟沿江而下，平定三姓之乱，居长白山东，俄漠惠之野鄂多里城，国号满洲。

类似这样的史料，在《满洲源流考》《旧满洲档》《清太祖武皇帝实录》《清史稿》《皇朝通考》《开国方略》《盛京通志》《吉林通志》《八旗通志》等都有同样记载，只是详略不同而已。在清高宗乾隆皇帝御制全韵诗中，也概括了这一史实。诗曰：

天造皇清，发祥大东。
山曰长白、江曰混同。
峻极襟带，福萃灵钟。
山顶有潭，闼门名扬。
三天女者，降而浴躬。
神鹊含果，吞以娠中。
锡之姓名，母遂凌空。
有取水人，见讶异征。
交手舁归，推为主国。
三姓定乱，鄂多城崇。
号建满洲，开基肇宗。

这就是说，爱新觉罗家族的子孙们承认自己的老祖宗是天女所生的布库里雍顺，发祥地在长白山区的鄂多里城。

有天女吗？天女能生孩子吗？这是神话传说。这种传说，在中国古代屡见不鲜，诸如“玄鸟生商、帝武兴周”。甚至近代洪秀全领导太平天国起义，还说自己是上帝的儿子呢！为了打天下，号召群众，说自己的出身不凡，以博得大家的支持和拥护，这是从当时的形势和斗争的需要出发的。但在我们今天研究这个问题的时候，就应以科学的态度对待神话。至于布库里雍顺，确有其人，此人身材伟岸，相貌出众，一表人才，能言善辩，胆略超群，思维敏捷，聪明过人，很受人拥护。他抓住了鄂多里城三姓人争雄之机，从中取得了鄂多里城的领导地位，为清朝的建国开基奠定了基础。

从军事角度讲，三家的仗是不好打的，鼎足之势，打不起来。不是鹬蚌相争，就是相持不下，三家又各不相让。布库里雍顺孤身到达，既能缓和三方的矛盾，又无权无势，不影响三方各自的利益，所以能为大家所接受，做了鄂多里城贝勒，这是由当时的主客观条件所决定的。他在鄂多里城奠定了发展的基础，鄂多里城就是清朝发祥之地。

敦化就是鄂多里城

鄂多里城遗址在敦化市渤海街。由于市区扩大，古城已包在市区之内，所以敦化就是鄂多里城。一些史料充分证明了这一事实。《清史稿·地理志》中在写敦化县的条目时这样写道：

> 敦化县，清始祖居鄂多里城即此。初为额穆赫索罗地。光绪八年建新城置，隶吉林。

写额穆县条目时，有这样的文字：

> 额穆县，清始祖所居额漠惠即此。旧曰额穆赫索罗，乾隆三年置佐领，宣统三年改隶东南路道。

《吉林通志》在写敦化县境内古城时，有这样一大段话，论证了鄂多里城就是敦化。它说：

俄朵里城，一作鄂多里，《八旗通志》作阿克敦。城（指敦化县城）东南三里许，牡丹江北岸，周围约四里，尚存土基《册报》，长白山东南，俄漠惠（原注地名）俄朵里（原注域名）三姓人共奉布库里雍顺为主，定号满洲，南朝误名建州。《盛京舆图一》，我朝发祥长白，自远祖定三姓之知已，居俄漠惠之野鄂多里城，在今宁古塔西南三百余里，国号曰满洲，是为开基之始。《皇朝通考》（二百七十一）。鄂多里城，考鄂多里城为天家发祥初基，在今吉林东南境。《盛京旧志》《吉林外纪》，皆不之载。访诸父老或仅知其名而无能，确指其地者。癸未归自朝鲜，渡土门江后，水复山重，地皆在吉林东南长白山之东，途经大小废城不一，间遇土人，询其名，或知或否，亦无所谓鄂多里城者。既而北越哈尔巴岭，西渡牡丹江，未三里，敦化县治在焉。濒江别一古城，问名，曰敖东，亦曰阿克敦，皆招垦新户，无可咨访，然江西故址，惟此一域而。光誉从事幕府，始获读故府藏书、谨稽《饮定盛京通志》内《京城志引》发祥世纪，略云：始祖居长白山东鄂谟辉之野鄂多里城，在兴京东一千五百里，宁古塔西南三百三十里，勒夫善河西岸……又瑚尔哈河注略云：上流勒夫善河，会毕尔腾湖，流经会宁北，绕宁古塔城南，北入混同江。按此，即今之牡丹江也。《会典通志》疆域各图，限于篇幅，皆略焉不详。库藏《吉林全图》，山川半非旧名。因复发箧，存王文勤公、庆云影，康熙朝内府《舆地全图），有物夫城河，额多力诸名在，互相校核，然后知，今注曰牡丹江源者，即勒夫城河，注曰阿克敦者，即额多力城。名虽异，而图之部位皆同。揆其相距兴京及宁古塔道里远近，与志无不合。宁古塔南，敦化县北之会宁城，及额穆赫索罗，为驿站必经，始恍然，今之额穆赫索罗，鄂摩和站，皆鄂谈辉也。今之牡丹江，自湖以下为瑚尔哈河，湖以上即勒夫善河，《通志》本无所谓牡丹江也。然则，鄂多理，额多力，敖东，阿克敦，皆音转字通，实一城耳。

这是彭光誉在《吉林通志》中的一段文字，从中得知，彭光誉是一位崇尚实践、善于调查研究的知识分子。他从一些史料、古地图中互相比较核对，又几次到实地去调查研究，他找到了清始祖布库里雍顺创业鄂多里城的确切地点，在敦化县城东三里许的牡丹江北岸。他说，牡丹江就是勒夫善河，濒临江边的古城，就是鄂多里城，亦称额多力城、阿克敦城和敖东城，他说这是音转字通。计算出了鄂多里城距兴京东 1500 里，宁古塔城西南 330 里的具体位置，实地考察了古城，得出城周 4 里余的数字。这与以后的实测完全相同。彭光誉的材料是从调查研究中得来的，是可靠的，是权威的，我们毋庸置疑，要认真继承下来。今天驰名的敖东药业集团和敦化市敖东大街就是古城名的沿用。

1909 年，中国共产党元老林伯渠同志来到敦化，写下了《游鄂达里》一诗，序中说"鄂达里在敦化境内，相传系清始祖发兵誓师处"。当时他是同盟会会员，来吉林做反清工作，公开身份是吉林省劝学所会办。还有一位叫沈兆禔的官员在他的《吉林纪事诗》序中说："清始祖居于鄂多里城，建国曰满洲，在宁古塔城之西南三百三十里，即今之敦化县。"

史学家范文澜先生在《中国通史》第九卷第 6 页写道：

> 满洲贵族在追溯他们的历史时，流传着一段神话传说，长白山东北布库里山下的布尔瑚泊，有三个天女沐浴，神鹊衔朱果，置第三女佛库伦衣上，佛库伦吞之，受孕生一男。男子乘舟至宁古塔西南三百余里的斡朵里城，遇见三姓人争做酋长，他自称是天女佛库伦吞朱果而生，姓爱新觉罗，名布库里雍顺，受天命来解决争端。三姓人惊异，推他为贝勒（部落长）。

在《中国全史·中国清代政治史》第十七卷第 4 页，有这样的记述：

> 明朝初年，女真分成三大部，即建州女真、海西女真和东海女真（又称野人女真）。建州原唐代渤海国的地名，在牡丹江流域，故城名为斡朵里（原注今吉林敦化县）。

1975年版《中国历史地图集》第八册10—11吉林幅，反映公元1820年（清嘉庆二十五年）我国疆域概貌。图中有勒夫善河与鄂多里城，其位置就是今天的牡丹江和敦化市。

2004年4月24日，张福有研究员在给敦化市干部做报告时说："毫无疑问，敦化就是清祖发祥地。"

《满族研究》2003年第一期上，刊载了赵东升先生撰写的《满洲皇室发源地及清肇祖探讨》一文，明确写出"敦化为清室发源地"。他列举了大量史料，论证了这无可争辩的事实。

为了说明敦化就是清皇室发祥地，有个问题还需要交代一下，这就是有些材料上写鄂多里城在长白山东俄漠惠之野；还有的材料上写，鄂多里城在长白山东南的。这是古人辨不清方向呢，还是把位置搞错了？为了弄清这个问题，笔者查阅了一些资料，得知，长白山绵亘千里，古代把这千里的广大范围都叫长白山。它共有五个支脉，其中一支叫小白山，就是今天的张广才岭。台湾版《中文大辞典》第4168页，在"小白"条目里，有这样一段文字：

> 小白，山名，长白山支脉，位于松花江及瑚尔哈河（牡丹江）之间，东南接长白山主脉，转折北趋，连峰接势二三百里，是为老岭，森林茂密，有著名的纳穆窝集、塞齐窝集，又东接海兰窝集、玛延窝集及毕展窝集。《清一统志》谓小白山在宁古塔（今宁安县原注）西北，严声嶔城冰雪夏积，乃长白山之主峰也。

从这里，我们可以得知，当年曾一度把今天的张广才岭主峰老白山称为长白山主峰。此山在敦化境内，高近1700米，景色优美，植物繁多，凡长白山上有的，它都有；长白山上没有的，它还有。俄漠惠（今敦化市额穆镇）恰恰在这座山的东南，所以史书上说"长白山东南俄漠惠之野鄂多里城"，这是符合当年的实际，更合于今天的地理位置。

鄂多里城就是敦化，已无可争议，我们再看看当年的鄂多里城是什么样子。《敦化市文物志》中有这样的记载：

敖东城（鄂多里城）遗址，坐落于牡北岸的一块台地上，城的平面为长方形，分内外二城。《吉林通志》载："外城周长约四里。"据日本学者山本守的调查报告《珲春·敦化》记载："本城有内外两城，外城除东面，其他三面比较完整，城长度东西约400米，南北等于半数，约200米，城墙上不规则地设置了一些马面，即堡垒状构筑，南墙三个，北墙二个，东墙已破坏，情况不明。内城为正方形，各边城80米，位置偏西，内城西墙距外城西墙90米，内城东墙距外城东墙220米。内城所在部位地势略高，四周没有城壕。"据日本学者岩间茂次郎《敦化县敖东城调查报告书》载："城门在南侧的中间向外突出，门口有瓮城，北墙偏东部位有个缺口，不知是门与否？西墙无门，东墙因早年破坏，情况不明。"

魏声和在《鸡林旧闻录》中还有这样的记载：

敦化县城东二里余有古城，名鄂多里，亦名额多力，俗呼为敖东城，一名阿克敦。《满洲通志》载，清始祖所居之地，在牡丹江右岸鄂多里城去宁古塔西南，三百里许，即今之敦化县。证以地望地名，即是此城已无疑义。城紧靠牡丹江右岸，方广各约半里许，周二里余。东南一门，正傍江边，城四角堞楼，犹隐然可辨，每面城楼间有一高阜，若瞭台然，半多倾圮，存者高尚丈余。内又有土城，周里余，唯一门向南，其中土垒高低已无遗迹可辨，城外有一水池环绕，由西而东入江，料系当年隍堑。

这是历史上不同时期、不同人物对鄂多里城考察的记录。虽然文字不尽相同，但大体上是一致的，即有内城和外城，外城有护城河，城上有马面，外城有瓮城。从整体来看，这座城是合于布库里雍顺在此建立政权的格局。鄂多里城既是渤海旧国，又是清朝发祥之地，在20世纪就作为省级文物保护单位保护起来。

然而，这座名城却在历史的长河中变得荒无人烟，只有那野草颓垣在向人间诉说着它往昔的辉煌。

人类创造了历史文明，往往也破坏了历史文明，是爱新觉罗的子孙们自己毁掉了这座古城。我们从比利时人南怀仁的《鞑靼旅行记》中找到了答案，他说战前的许多城镇，其遗迹早已消失，所以如此，是因为鞑靼王以微小的兵力起事，迅速地、大规模地从一切城镇中强募军人，为了使士兵失去回到家乡的一切希望，把这些村镇完全毁坏了事。

正人先正己。要让大家服从，必须首先毁掉自己的王城。这样，别人才能臣服。

1644 年福临入主北京。1677 年，清康熙十五年，颁布了《宁古塔禁止流民例》，把这一带封禁起来。一直到 1878 年，清光绪四年，才打开封禁，成立了阿克敦荒务局，开始招垦民众开荒。1881 年 1 月 25 日，清政府下令，批准成立敦化县，当时只有外来农户 400 余家。

随着县城的建立，一些有识之士纷至沓来，开始了考察敦化历史的工作。他们从古书中的记述、古地图的标注、古城的调查、人们的传说、一些学者的研究中汲取精华，终于得到了确切的结论：敦化就是龙兴之地。

敦化就是清皇室发祥地鄂多里城。

共同努力，完善清史

为了传承和完善历史，敦化正在着手做以下几项工作：

一、修建了龙兴公园，内置清高宗乾隆皇帝御制全韵诗碑。

二、在牡丹江边修建柳园。置清始祖布库里雍顺登岸处自然石碑一座，碑文为《满洲源流考》中的一段文字。已完成。

三、清理鄂多里城遗址。由现在省级文物保护单位，申报为国家级文物保护单位。

四、建清始祖纪念馆。草图已经完成，地址已经选定，只待资金和运作。

以上四项工程，望各位专家学者大力支持，积极参与，出谋划策。也请各位赋诗题词，刻石立碑，以壮清史，以壮斯行。

最后，让我们用清代官员沈兆禔的两首《发祥诗》作为结束语：

绕电流虹旷代无，浴池天女果吞朱。
商家玄鸟周人迹，圣世祯祥先后符。

望风三姓早推尊，建国初居阿克敦。
王迹肇基今试溯，世同陟巘降原论。

请批评指正。

谢谢大家！

2005 年 8 月 17 日

后 记

2019年9月，第十届全国满族社团会长工作经验交流会在辽宁大连召开，会上确定第十一届会议举办地为吉林省敦化市。鉴于此次会议的重要性和广泛性，有必要把“大清始祖在敦化”这一确凿史实和历史人物向外输出、向公众推介。经六鼎山文化旅游区管委会与敦化市满族联谊会研究，在会议之前，创作一部反映清始祖爱新觉罗·布库里雍顺富有传奇色彩的文学作品——这便是《大清始祖：布库里雍顺》的缘起。

任何民族文化的发展都是在借鉴人类一切优秀文化成果的过程中实现的，扎根沃土、汲取养分，使民族艺术更具生命力与传承力。建一座清祖祠，让天南地北的满族人有一处追宗溯源的地方，一直是正觉寺住持释佛性法师（满族正白旗人）的愿望。布库里雍顺在敦化建立了满洲，成为满洲始祖，敦化成为清朝皇室发祥地便顺理成章。在释佛性法师倡导和缘起下，在当地党委政府大力支持下，一座庄严肃穆、气势恢弘的清祖祠呈现在世人面前。清祖祠成为了华夏旗人和世界满嗣前来寻根祭祖的盛地，于2011年9月15日举行盛大开园仪式。自开园以来，每年都举办朱果节、颁金节等系列活动，满族的萨满文化与民风民俗也有了看得见、摸得着的文化载体。

我们邀请敦化市作家协会主席杨树先生创作这部《大清始祖：布库里雍顺》。在书中，笔者并非用史学家的眼光去考察和鉴证那段历史，而是用文学的视角打量并欣赏那段传奇。此书的出版，丰富了长白山满族文化内涵，填补了满族历史与文学结合的空白；此书的发行，让人们能更快捷更通俗地了解满族始祖及其子孙们的丰功伟业，给满族厚重的历史描摹了几分文学的多彩。

我们希望全国满族人士都能在自己的精神家园中默默守望，在清祖祠这片净土寻找到灵魂的栖息之地，给予满族文化以思考、探索、传承、创新、延展与弘扬。

受自身能力水平所限，对于相关专业知识不尽了解。在此，恳请各界专家学者不吝赐教，提出宝贵意见，以便再版时修正。感谢敦化市中华优秀传统文化促进会、满族联谊会、敦化市满族文化研究会等部门的鼎力支持，使《大清始祖：布库里雍顺》这部书能够顺利出版，开启尘封的记忆，再现那段斑斓历史。

六鼎山文化旅游区管委会
敦化市满族联谊会
2020 年 6 月 10 日